우리와 우리 자손들

우리와 우리 자손들

2025년 5월 16일 초판 1쇄 인쇄
2025년 5월 30일 초판 1쇄 발행

지은이 박영선
기획 강선
편집 문선형, 정유진
디자인 잔
경영지원 함초아
펴낸이 최태준
펴낸곳 무근검
주소 서울특별시 송파구 올림픽로 4길 17 A동 301호
홈페이지 lampbooks.com
이메일 book@lamp.or.kr **전화** 02-420-3155
등록 2014. 2. 21 제2014-000020호
ISBN 979-11-94142-19-5(03230)

ⓒ 박영선 2025

이 책의 저작권은 저자와 무근검이 소유합니다.
신저작권법에 의하여 한국 내에서 보호받는 저작물이므로 무단 전재와 복제를 금합니다.

무근검은 '하나님의 영광은 무겁고 오래된 칼과 같다'라는 뜻입니다.

우리와 우리 자손들

박영선 지음

초판서문

이 책은 올해 여름에 남포교회에서 여러 차례에 나눠 강의한 '한국 교회의 미래를 짊어질 청장년을 위한 특별 메시지'의 내용을 담고 있습니다.

이 책을 준비하게 된 것은 이 시대에 어떻게 기독교 신앙을 지켜 갈 것인가 하는 다급한 물음 때문이었습니다. 지금 우리가 사는 세대는 사회적 현상을 보나 그 현상들 밑을 흐르는 사상적 경향을 보나 기독교 신앙과 다른 길을 가고 있습니다. 그래서 이 사회는 그 속에서 살아가고 있는 그리스도인들의 신앙을 끊임없이 공격합니다.

그런데 이런 공격은 눈에 쉽게 확인되는 것이 아닙니다. 이 시대를 이끌어 가는 궁극적 기준으로 여겨지고 있는 진화론, 과학만능주의, 물질주의, 인본주의, 세속주의 등이 모두 원색적인 형태로 등장하기보다는 이 시대의 모든 사고와 경향과 목적 속에 숨어 있기 때문입니다. 이 점을 깨닫지 못할 때, 우리는 공격당하는지조차 모른 채 신앙으로부터 멀어질 수 있습니다.

먼저 1부에서는 기독교 신앙을 공격하는 이 시대 지성의 정체와 현대성에서 비롯된 세속성을 다룹니다. 2부에서는 한국 교회의 현실을 조망하기 위해 복음주의에 대해 살펴봅니다. 3부는 하나님의 종이 되려는 이들에게 특별히 초점을 맞춰 '하나님의 종'에 담겨 있는 뜻과 그에게 맡겨진 책임이 무엇인지를 간절한 마음으로 설명합니다.

독자들이 함께 읽어 보기를 바라는 추천 도서 목록을 뒤에 소개했습니다. 여기 소개한 책들의 내용이 본문 여러 곳에 들어 있습니다. 우리의 문제를 더 깊이 이해하고 싶은 독자들은 소개된 책들을 읽어 주시기 바랍니다.

시대가 변해도 기독교 신앙은 진리로서 세계와 우리의 인생을 밝힐 유일한 등불로 남아 있을 것입니다. 한국 교회가 믿음의 선조들로부터 물려받은 신앙의 역동성과 함께 세계와 인생을 담아내는 진리의 내용에도 충실해지기를 바라는 마음으로 이 책을 펴냅니다.

2008년 1월

박 영 선

서문

이 책을 처음 펴낼 때는 세속성이 신앙의 본문을 어떻게 왜곡하는가에 대해 설명하고자 하였습니다. 그 후 20년에 가까운 세월 동안 선교자로 살아오면서 얻은 삶의 내용과 성경에 대한 이해는 신앙의 현실적 깊이와 내용으로 나아가는 데에 한층 더 절실함을 갖게 하였습니다.

그동안 한국 교회에서는 복음주의적 이해가 구원론에 집중되어 신자에게 신앙의 감격과 확신이 있는지만을 점검할 뿐, 세속성의 도전이 신자에게 신앙적 결단과 운명만을 확인하게 하는 것 외에 신앙 본문 그대로를 담은 신앙인을 만드는 데에는 부족했다는 생각이 들었습니다. 그래서 다시 한번 세속성의 공격에 대한 이해와 성찰을 넘어 그것을 경계하고 신앙의 현실적이고 궁극적인 본문을 확인하게 하고자 합니다.

구원이 시작이며 완성이라는 목표를 가지고 있다는 사실과 그 과정으로서의 현재와 현실의 구체적인 도전과 위협 앞에서 내가 겪는 갈등과 왜소함이 왜 필요한지, 하나님이 그것으로 무엇을 만들려고 하시는지, 그 일들을 어떻게 이해하고 분별해야 하는지에 대한 내용이 현실에서 필요한 것으로 요구됩니다.

    세속성을 이해하고 기독교 신앙의 인격성·관계성이라는 본문으로서의 자신과 자신의 인생을 깨달아 이런 안목을 가지고 성경을 읽어야, 신앙생활이란 다만 진심을 다하는 것이 아니며 신자의 존재론과 지위와 신분을 본문으로 갖는 것임을 알게 됩니다.

    구원이 성육신으로 이루어졌듯이 각각의 신앙 인생에서 겪는 구체적 갈등과 고통 가운데 신앙은 도피처가 아니라 우리의 정체성과 본문을 만드는 것임을 기억하기 바랍니다.

2025년 5월

박영선

차
례

초판 서문 … 4
서문 … 6

1 현대사회와 우리

01 근대 이후 지성의 흐름 … 13

02 현대의 지성적 흐름과 우리의 대응 … 35

03 현대성의 도래 … 63

04 현대의 세속성과 우리의 대응 … 83

2 | 한국 교회와 복음주의

05 복음주의의 흐름 … 109

06 한국 교회가 나아갈 길 … 137

3 | 하나님의 종

07 하나님의 종의 정체성 … 169

08 하나님의 종의 길 … 193

09 복음의 능력 … 211

10 하나님의 주권 … 231

일러두기

● 이 책은 《우리와 우리 자손들》(2008)의 개정판입니다.
● 이 책에서는 개역개정판 성경을 인용하였습니다.
● 성경을 인용할 때, 절의 전체를 인용한 경우에는 큰따옴표(" ")로,
  절의 일부를 인용한 경우에는 작은따옴표(' ')로 표기하였습니다.
● 본문에 《 》로 표기된 것은 도서를, 〈 〉로 표기된 것은 도서 외 작품을 가리킵니다.

현대사회와 우리

1

근대 이후 지성의 흐름

01

1 사랑하는 자들아 내가 이제 이 둘째 편지를 너희에게 쓰노니 이 두 편지로 너희의 진실한 마음을 일깨워 생각나게 하여 2 곧 거룩한 선지자들이 예언한 말씀과 주 되신 구주께서 너희의 사도들로 말미암아 명하신 것을 기억하게 하려 하노라 3 먼저 이것을 알지니 말세에 조롱하는 자들이 와서 자기의 정욕을 따라 행하며 조롱하여 4 이르되 주께서 강림하신다는 약속이 어디 있느냐 조상들이 잔 후로부터 만물이 처음 창조될 때와 같이 그냥 있다 하니 5 이는 하늘이 옛적부터 있는 것과 땅이 물에서 나와 물로 성립된 것도 하나님의 말씀으로 된 것을 그들이 일부러 잊으려 함이로다 6 이로 말미암아 그 때에 세상은 물이 넘침으로 멸망하였으되 7 이제 하늘과 땅은 그 동일한 말씀으로 불사르기 위하여 보호하신 바 되어 경건하지 아니한 사람들의 심판과 멸망의 날까지 보존하여 두신 것이니라 (벧후 3:1-7)

근대 이후 지성의 흐름

과거에 예수를 믿던 사람들에게 신앙이란 순교적 자세로 받아들여야 하는 것이었습니다. 세상으로부터 당하는 온갖 핍박을 감수하는 한이 있더라도 하나님의 자녀가 되어 천국을 소망으로 삼겠다는 각오를 하곤 했습니다. 신앙을 갖는다는 것을 중대한 결단을 내리는 문제로 여겨, 예수를 믿기로 한다면 죽는 것을 각오하는 정도로 생각했습니다. 그러다 보니 이런 결단과 각오로 신앙을 증명하고자 했습니다.

그런데 오늘날에는 이런 결심만으로는 신앙을 유지하기 어려운 상황이 벌어지고 있습니다. 이 시대는 다원주의와 현대성으로 특징지어지는 사회로 변모하면서 기독교 신앙에 대해 '신앙을 고백함으로써 목숨을 걸 것인가?'와 같은 결단을 요구하는 질문에 대답하는 것으로 그칠 수 없게 되었고, '인생을 어떻게 살 것인가?'와 같은 물음에 답해야 하는 상황에 직면하게 되었습니다. 앞으로 더 이야기하겠지만, 현대의 다원주의 사회 속에서 기독교가 정치, 경제, 사회, 문화, 교육과 같은 사회의 여러 분야 가운데 하나인 종교로서만 그 의의가 제한되고 있는 상황을 깊이 분석해 보려고 합니다.

한국 교회의 미래는 다원주의의 영향으로 기독교의 복음이 사회의 여러 분야 중에 하나로 축소되고 제한되고 있는 오늘의 도전과 시험을 어떻게 돌파할 것인가에 따라 결정될 것이며, 다음 세대는 바로 이런 과제를 안고 신앙생활을 하게 될 것입니다. 앞 세대에게 예수를 믿으면 하나님으로부터 영원한 생명과 승리를 확정받아 이 세상에서도 지지 않고 타협하지 않고 살겠다고 했던 각오가 필요했다면, 다음 세대는 동일한 각오를 가지고 현대사회가 신자들을 시험하고 있는 정치, 경제, 사회, 문화, 교육과 같은 사회 전체의 국면들을 기독교가 모두 담아내야 하는 과제를 안게 된 것입니다.

이전과 다른 현대사회의 독특한 특징들에 대해 고민하지 않고 한국 교회가 이제까지 해 온 것처럼 '예수 천당!'이라는 메시지를 되풀이하는 데서 더 나아가지 않는다면, 한국 교회는 심각한 위기에 빠지게 될 것입니다. 교회가 숫자로는 부흥할 수 있을지 몰라도 이 시대와 사회 앞에 복음의 능력에 대해서 아무런 발언도 할 수 없게 되는 상황이 급속히 현실로 다가올 것입니다. 이러한 우려 속에서 이 시대의 특징을 검토해 보며 이 시대를 향한 복음의 의의를 살펴보려고 합니다.

몇 차례에 걸쳐 우리는 현대사회의 특징인 다원주의와 현대성, 한국 교회의 주류를 차지하고 있는 복음주의에 대해 생각해 볼 것입니다. 현대사회의 특징인 다원주의가 형성된 사상적 과정을 살펴보고 현대성과 세속화 과정을 추적하여 그에 대한 대체 방안을 모색해 볼 것입니다. 또 한국 교회의 정체성을 가름하고 있는 복음주의에 대한 논의를 통해 한국 교회가 앞으로 나아갈 길을 모색해 볼 것입니다.

전근대와 근대

오늘날 우리가 사는 현대사회를 다원주의 사회라고도 합니다. 여기서 '다원주의'라는 말에 담긴 의미를 알기 위해서는 지성사(知性事)의 흐름을 짧게나마 살펴보아야 합니다.

우리가 사는 오늘의 사회를 다원주의 사회 또는 포스트모더니즘이 풍미하는 시대라고도 말합니다. 이것을 풀어서 말하자면, 모던 이후의 시대라고 지칭하는 것입니다. 이런 점을 염두에 둘 때, 현대사회를 제대로 조망하기 위해서는 먼저 '모던'(modem), 즉 근대에 대한 이해가 있어야 합니다. 현대사회를 이해하기 위해서는 16세기에서 20세기 초까지 근대가 어떤 특징을 가진 시대였는지 알아야 합니다.

'근대'는 지성적 흐름을 구분하는 하나의 기준점처럼 사용될 수 있습니다. 근대라는 시대를 기준으로 놓고 보면, 그 이전 시대를 '전(前)근대'라고 할 수 있고, 그 이후를 '근대 이후'라고 할 수 있습니다. 우리는 먼저 근대라는 시대와 그 시대정신을 이해해야 합니다. 전근대 시대를 흔히 신학의 시대, 권위의 시대라고 할 수 있습니다. 서양의 중세 시대를 생각하면 됩니다. 근대는 이성의 시대, 근대 후기는 포스트모더니즘 시대 또는 다원주의 시대라고 요약해 볼 수 있습니다.

다원주의라는 말은 통일과 종합을 포기했다는 점을 암시하고 있습니다. 이것은 이성에 의한 합리주의가 핵심에 놓여 있던 근대에 대한 반발을 담고 있는 것입니다. 합리주의와 이성의 시대인 근대가 인류의 정신사에 어떤 영향을 미쳤는지, 특히 기독교에 어떤 영향을 미쳤는지를 이해하는 것이 오늘의 과제입니다.

이런 작업이 필요한 것은 지금 우리가 놓여 있는 상황 때문입니다. 이제는 복음을 받아들이는 일이 인류 누구에게나 요구되는 것으로 여겨지지 않습니다. 더 이상 복음이 보편적인 진리로서 모든 사람들 앞에 제시되지 않습니다. 이것은 이성과 합리주의 자체가 보편성을 띤 것으로 생각되지 않게 되었기 때문입니다.

신앙을 가졌는지와 상관없이 모든 인간은 저마다 세계를 이해하는 방식인 '세계관'이라는 공통된 관심사를 갖고 있습니다. '세상은 무엇인가? 인간은 누구인가? 인생은 어떤 것인가?'와 같은 질문에 답하기 위해서는 기준점이 필요합니다. 방향을 확인하고 척도를 재기 위해서는 일관된 체계가 필요하고, 일관성 있는 체계는 절대 좌표가 되는 기준점이 있어야만 합니다.

서울에서 볼 때 금강산이 어디에 있는지 묻는다면, 북동쪽에 있다고 답할 수 있습니다. 그러나 평양에서 금강산이 어느 쪽에 있는지 묻는다면 남동쪽이라고 말할 수 있습니다. 이것은 우리가 동서남북이라는 방향을 고정해 놓았기 때문에 나오게 되는 답입니다. 즉 절대적 좌표를 가지고 있는 것입니다. 누구는 '금강산은 오른쪽에 있다'고 말할 수 있습니다. 이 말을 들은 맞은편에 있는 사람은 '금강산은 왼쪽에 있는데'라고 말할 수도 있습니다. 이 경우에는 절대 좌표를 설정하지 않았기 때문에 상반된 진술을 하게 되는 것입니다. 이를테면, 이런 식으로 세계를 이해하는 것이 다원주의 사회에서 통용되는 방식이라고 말할 수 있습니다. 모두가 각자의 좌표를 가진 사회가 된 것입니다. 현대인은 각자의 기준과 척도를 가지고 있습니다.

서구 역사를 놓고 볼 때, 전근대 시대, 곧 중세 시대는 기독교가 힘으로 세상을 장악하던 시대였습니다. 그리고 세계에 대한 설명도 신학적인 방식으로 이루어졌습니다. 이 시기의 대표적인 신학자인 토마스 아퀴나스의 세계에 대한 설명을 간략히 살펴봅시다. 세계를 도화지라고 한다면, 그 가운데에 선을 하나 수평으로 긋고 아래쪽을 '자연'이라고 하고, 위쪽을 '은총'이라고 합니다. 이 설명에 담긴 의도는 인간의 눈에 보이는 자연이 세계의 전부가 아니라는 것입니다. 보이는 세계와 함께 이와는 다른 하나님의 은총이 역사하는 초월적인 세계가 있습니다. 보이는 세계인 자연은 그 자체로 전부가 아니라는 점을 분명히 하면서, 자연이 보이지 않는 세계와 함께할 때에야 비로소 하나님이 지으신 온전한 세계가 확인될 수 있다는 것입니다. 이것은 하나님의 은총이 세계와 인간에게 필요하다는 것을 말해 줍니다. 보이는 세계인 자연은 아래쪽에, 보이지 않는 세계인 초월은 위쪽에 자리한 전체로서의 세계를 말하고 있습니다.

토마스 아퀴나스가 은총과 자연, 즉 초월과 자연이라는 이분법을 만든 것은, 자연으로는 세계를 다 이해할 수 없고 하나님의 은총이 함께 고려되어야 한다는 점을 강조하기 위해서였습니다. 그런데 그의 의도와는 달리 문제가 생겨납니다. 함께 모여 하나를 이루던 자연과 초월이 분리되기 시작한 것입니다. 이후 지성사 속에서 기독교에 대한 배타성이 생겨난 것은 이 이분법적 이해 때문이었습니다.

이제 은총과 초월은 믿음의 신비를 찾아내는 신학과 종교의 영역이 되어 버렸고, 자연은 이 세상의 사물에 관한 지식을 얻어 내는 경험과 과학의 영역으로 이해되기 시작합니다. 토마스 아퀴나스가 보이는 자연이 전부가 아니고 초월이 있으며, 세계에는 초월자이신 하나님의 은총이 필요하다는 것을 강조하려고 했던 것과는 달리, 이제 자연과 은총은 서로 다른 질서가 지배하는 동떨어진 두 개의 영역으로 구분되는 것입니다.

이제 인간은 자연 세계에 관한 한, 신적 계시의 도움 없이도 이성만으로 이해할 수 있다고 생각하기 시작합니다. 자연은 이성으로 연구하는 대상이자 경험으로 확인하는 영역이 됩니다. 세계 전체가-초월적 영역부터 자연적 영역까지- 하나님의 은총이 필요하다는 것을 설명하려고 낸 도식이 은총을 초월적 세계로만 제한하고, 자연을 은총으로부터 독립시키는 결과를 가져오게 된 것입니다. 이로써 신앙과 이성은 각기 별개의 범주로 나눠지게 되었고, 여기에서 하나의 질문이 제기됩니다. '일상생활에 필요한 모든 것을 이성만으로 알 수 있다면, 계시와 신앙이 왜 필요한가?' 이런 맥락 가운데 르네상스 시대가 놓여 있습니다.

서구 역사에서 '개혁'이라고 하면 흔히 로마 가톨릭교회로부터의 '종교 개혁'만을 떠올립니다. 개신교 신자들의 입장에서 보면 종교 개혁은 로마 가톨릭교회의 잘못된 신앙을 다시 성경적으로 회복한 개혁이었지만, 실제로 그 당시의 개혁은 세 가지 흐름을 포함하고 있는 것이라고 말할 수 있습니다. 첫 번째는 올바른 신앙을 회복하기 위해 시작되어 개신 교회를 성립시킨 종교 개혁이고, 두 번째는 천주교 안에서 자신들의 잘못을 시정하기 위한 로마 가톨릭교회 자체의 정화 운동입니다. 우리의 주된 관심사라고 할 수 있는 세 번째 개혁은 종교 제도와 반드시 관련되지는 않지만 이후 커다란 영향을 끼친 중요한 변화로서 기독교 내에 초월적인 부분을 밀어 던지고 자연을 독립시키는 자연신론적 개혁이 일어나 르네상스, 곧 문예 부흥으로 전개되는 변화를 말합니다.

세계에 대한 바른 이해가, 성경이라는 경전에 의존하지 않고 경험할 수 있는 세계를 관찰하고 이성적으로 사고함으로써 가능할 것이라는 움직임이 시작된 것입니다. 여기서 일종의 '합리주의'가 태동합니다. 이성은 신적 계시와 상관없이 자율적으로 움직여 진리를 알 수 있는 수단으로 여겨지게 됩니다. 이런 이성의 자율성을 강조하여 이성을 계시의 영향력 밖에 두고 궁극적인 판단의 기준으로 사용하게 하자는 이성 해방의 시도는 계몽주의 시대에 최고조에 달합니다.

계몽주의는 18세기에 가장 크게 일어났던 운동으로 'enlightenment'(계몽주의)라는 영어 표현에서도 알 수 있듯이 이성으로 무지의 어둠을 밝히자는 것을 모토로 하는 이성 중심의 사상 운동이었습니다. 계몽주의야말로 근대의 시대정신을 대표하는 입장입니다. 계몽사상은 '이성이 삶을 인도할 수 있다'는 신념을 체계적으로 표현한 것입니다. 이성의 빛으로 어둠을 몰아내는 과학적 지식, 비판적 이성에 바탕을 둔 인간의 자유야말로 인간 존엄의 근본이라고 선언하는 것입니다. 과거로부터 무비판적으로 답습된 구습과 전통에 얽매인 무지와 신앙적 독단에서의 해방을 추구해야 할 이상으로 삼았습니다. 여기서 우리의 주목을 끄는 것이 '신앙적 독단'이라는 표현입니다.

정리하자면, 계몽주의의 신조는 '이성의 자율성'이라고 할 수 있습니다. 이성의 자율성이라는 말에는 계시의 도움 없이 이성의 힘만으로 자연계 안에 있는 모든 것을 이해하고 파악할 수 있다는 신념이 들어 있습니다. 계시가 필요 없다는 것은 하나님이 초월적으로 은총을 베풀지 않아도 된다는 말입니다. 외적인 권위가 모두 부정됩니다. 이것은 단지 종교적 독단에만 반발한 것이 아니었습니다. 기독교 신앙의 독단성에 반기를 든 것처럼 모든 외적인 권위, 외적인 기준을 부정하고 인간의 이성과 이성에 의한 합리성만으로 모든 진리를 파악하고 확인하고자 한 것입니다.

이 개혁적 운동들 이전인 전근대 시대의 절대 좌표는 기독교 신앙이었습니다. 하나님과 성경이 절대 좌표가 되어 그로부터 모든 것이 통일된 체계 속에서 살고 있었는데 이제 그 좌표가 거부된 것입니다. 그때까지 받아들여져 온 절대 좌표가 거부되자, 사람들은 나름대로의 절대 좌표를 만들어야 할 필요를 느끼게 됩니다. 그것 없이는 아무 일도 할 수 없다고 여겼기 때문입니다. 이를테면, 건물을 지을 수가 없는 것입니다. 어디에다가 주춧돌을 놓아야 할지 정하지 않고서는 기둥을 세울 수도, 벽돌을 쌓을 수도 없습니다.

이성을 궁극적 판단 기준으로 하는 계몽주의 사상의 경우에도 이런 필요에 직면하게 된 것입니다. 합리주의를 따른다 할지라도 그 합리성의 토대는 무엇이며, 원점은 어디에 있는지, 어떻게 X축과 Y축을 그어야 할지 정해야 하는 것입니다. 이런 맥락 속에 데카르트가 자리하고 있습니다. 많이 알려져 있는 데카르트의 '나는 생각한다, 고로 나는 존재한다'라는 말 속에 새로운 절대 좌표가 담겨 있는 것입니다.

이전에는 하나님이 창조주, 섭리자, 심판자로서 절대 좌표의 원점이었다면, 데카르트에서는 생각하는 자아가 그 원점을 대신합니다. 이해하고 설명하고 확인하는 이성을 사용하는 나, 곧 인식론적인 자아가 절대 좌표의 원점이 됩니다. 그런데 이와 같은 자아는 각 개인마다 가지고 있는 것입니다. 따라서 데카르트의 절대 좌표는 이후 각 개인마다 다르게 가질 수 있는 상대적 좌표로 이해되기 시작합니다. 하지만 이것은 원래 데카르트가 의도한 바가 아니었습니다.

데카르트의 의도는 토마스 아퀴나스가 그러했듯이 자연이 전부가 아니라는 점을 밝히려는 데 있었습니다. 데카르트 자신은 생각하는 자아가 정신적인 존재임을 입증하여 자연이 전부가 아니며, 생각하는 존재인 인간은 자연 영역에 귀속되기보다는 초월의 영역에 귀속되어야 함을 강조하려 했습니다. 그런데 토마스 아퀴나스의 경우처럼 이번에도 데카르트가 제시한 구도는 그의 의도와 상관없이 정신세계와 물질세계 사이의 구분으로 귀결되고 맙니다. 인간의 감각으로 관찰되고 이성으로 확인되는 검증 가능한 세계만이 인간의 영역이 되고, 초월의 영역은 관찰할 수 없어 검증할 수 없고 설명할 수 없는 영역으로 여겨져 비과학적인 영역으로서 배제되기 시작합니다.

이런 식으로 과학은 자연계에서의 지식에 대한 독점권을 얻습니다. 자연계 안에서는 과학만이 권위를 행사할 수 있게 된 것입니다. 인간이 사는 곳이 자연계이니 인간 삶의 여러 국면들을 과학으로 검증받게 됩니다. 과학을 통한 검증을 통과하지 못한 주장은 틀린 것이거나 검증이 필요하지 않은 기호(嗜好)의 문제라고 여겨지게 됩니다.

검증할 수 없는 대상들, 여기에 들어가는 것이 바로 자연에 대비

되는 초월에 속한 것들인데 이것들은 옳고 그름을 따질 수 없는 것으로 생각되는 것입니다. 이런 것들은 개인적인 신념이나 집단의 취향에 따른 문화적 전통 같은 것으로 취급됩니다. 자연에 속하지 않아서 과학으로 검증되거나 설명될 수 없는 것, 달리 말해 합리적이지 않은 것은 초월의 영역에 속하는 것이라고 여겨지는 게 아니라, 그저 개인적인 신념이나 특정한 문화유산이나 전통이라고 보게 된 것입니다.

이런 흐름은 칸트 이후에 더 분명하게 표현됩니다. 자연에 속한 하층부는 공적(公的)으로 검증이 가능한 사실의 영역으로, 상층부는 사람들의 취향이나 기호에 따라, 사회적 합의에 따라 구성되는 가치의 영역으로 여겨집니다. 이 가치의 영역에 종교나 도덕, 윤리 같은 것들이 속하게 됩니다.

여기에서 사실과 가치의 구분에 대해 좀 더 생각해 봅시다. 우리가 기독교를 설명할 때, "인생은 그냥 먹고 마시는 것이 전부가 아니다. 의미 있고 가치 있게 살아야 한다"라고 말하면, 신자들끼리는 무슨 말인지 알아듣습니다. 사람은 하나님이 정해 놓으신 의미와 가치에 맞추어 살아야 한다고 이해하는 것입니다.

그러나 다원주의적 사회에서 이 말은 다른 식으로 해석됩니다. 이 말에 사람들은 "글쎄, 그건 당신이 생각하는 당신의 가치이며 의미니까 당신은 당신 방식으로 믿어. 난 내 방식으로 믿을게. 당신 말은 사실에 관한 문제이거나 보편적으로 따라야 할 문제가 아니야!"라고 대답하는 것입니다. 사람들은 초월에 속한 문제를 더 이상 맞고 틀린 것이 있는 문제로 생각하지 않습니다. 그래서 "당신의 개인적인 가치를 강요하지 마세요. 당신이 예수를 믿든 말든 내가 상관할 바 아니듯이 나도 내 가치를 믿을 테니 상관하지 마세요"라고 말합니다. 이럴 때 우리는 뭐라고 말하면 좋을지 몰라 합니다.

계몽주의 시대 이래, 사실의 영역은 계속해서 가치의 영역을 파고들어와 자신의 영토를 확장해 갑니다. 사실의 영역은 계속 넓어지고, 가치의 영역은 점점 축소됩니다. 이런 흐름은 자연 과학의 발달과 보조를 같이 합니다. 과학적 성취가 자신감을 불러일으킨 것입니다. 예전에는 초월의 영역에 있던 것들이 이제 과학에 의해 과학적 법칙에 따라 설명되기 시작합니다. 그와 함께 초월에 대해 말하던 기독교 역시 점차 독선적인 종교라고 매도되기 시작합니다.

인간 삶의 모든 것이 과학으로 설명될 수 있다고 생각하기 시작합니다. 과학적 방법에 따라 모든 것은 자연법칙을 가지고 설명할 수 있다고 여겨집니다. 근대 이후에는 이와 같은 자연주의적 설명을 수용하는 것이 상식이 되었습니다.

그나마 남아 있는 상층부 영역은 개인적이고 비인지적인 경험의 영역이 되고 맙니다. 개인적이고 비인지적이라는 것은 보편성이 없는 것입니다. 그것은 개인이 필요에 의해서 혹은 각자의 취향에 따라 갖게 된 신념에 불과하다는 것입니다.

근대 이후

근대 이후 인류는 계몽주의라는 이름에서 보듯이 인간 이성의 승리를 낙관하며, 과학이 만들어 낼 유토피아를 향해 나아가고 있다고 생각했습니다. 그런데 결정적인 사건이 근대의 낙관주의를 산산조각 내 버립니다. 이때부터 다원주의적 사고방식이 대세가 된 것입니다.

그 결정적인 사건은 두 번에 걸친 세계 대전입니다. 과학의 발전이 산업을 육성하고 인류에게 여러 물질적인 혜택을 준 것은 사실이지만, 궁극적으로 인간 자신의 발전에는 도움이 되지 못했다는 각성을 불러일으킨 것이 1차 세계 대전과 2차 세계 대전입니다. 우리는 2차 세계 대전 때 일본의 식민지로 어려움을 당했기 때문에 이 대전에 담긴 의미를 잘 파악하지 못하고 다만 빨리 노력해서 약소국의 서러움을 떨쳐 버려야 더 이상 식민지가 되는 불행이 없다는 식으로만 생각했습니다. 그러나 서구 사회에서 그 전쟁들은 제국주의의 밥그릇 싸움이나 이데올로기 싸움과 같은 문제를 넘어서서 근대 이후 지성에 대한 경종으로 받아들여졌습니다. "왜 과학이 발전하는 것만큼 인간의 정신은 발전하지 않는가? 왜 인류는 과학으로 행복을 만들어 내지 못하는가? 왜 과학의 발전은 인간의 내면적인 가치를 증진하지 못하는가?"와 같은 심각한 질문이 제기된 것입니다.

근대 이후 이성과 합리주의가 기독교를 대신해서 새로운 기준과 질서와 통일된 체계를 만들어 주기를 기대했습니다. 그런데 과학과 합리주의에 대한 기대가 허물어집니다. 이것이 폐기되면서 어떤 일이 일어나게 되었습니까?

　이성과 합리주의는 일찍이 초월에 대해 말하는 기독교를 폐기하고 스스로 대안을 만들 수 있다는 낙관적인 전망을 내보였습니다. 그런데 과학을 도구로 하는 이성에 의한 합리주의는 인류에게 인간의 고귀한 가치나 행복을 만들어 주기에 부족했다는 점이 확인되고 만 것입니다. 인간의 행복을 위해 인류를 이끌어 줄 리더십에 공백이 생겨 버린 것입니다. 절대 좌표가 하나님에 의해 설정되었던 시대를 폐기하고 이성이 새로운 절대 좌표를 제시하겠다고 나왔는데 그것은 통일도, 종합도, 행복도, 만족도 만들어 내지 못하고 폐기되었습니다. 그러면 어떻게 되겠습니까? 각자 자기의 소견에 옳은 대로 살게 됩니다. 이런 시대가 곧, '현대'입니다.

　지성사를 살펴보면, 우리가 살고 있는 현대는 '인간의 정신과 영혼을 만족시켜 줄 수 있는 것이 세상에는 없다. 그것은 사람이 만들어 낼 수 없다'고 하는 항복의 시점에서 시작된 것이라고 할 수 있습니다. 그렇다고 사람들이 전근대의 사고방식으로 돌아가지는 못합니다. 절대 좌표로서 의지할 초월의 영역이 더 이상 남아 있지 않기 때문입니다.

　이런 점에서 왜 사람들은 절대 좌표가 사라진 시대임에도 불구하고 기독교로 돌아가지 않는지 생각해 볼 수 있습니다. 기독교는 근대 이후 폐기되었다고 할 수 있지만 사실 절대 좌표를 제시할 수 있는 유일한 종교입니다. 그런데도 사람들은 기독교로 돌아가지 못합니다. 기독교 진리는 믿음을 가져야만 받아들여지기 때문입니다. 믿지 않는 사람들에게는 보편적인 진리가 아닙니다. 그리스도인도 태어날 때부터 신자인 것이 아닙니다. 불신자로 태어나 예수를 믿어 신자가 되는 것입니다. 그 사이에는 '중생'이라는 단절이 있습니다. 이 단절 때문에 우리는 기독교 신앙을 가지고 세상 사람들과 합리적인 논쟁을 벌일 수도 없고 그들을 항복시킬 수도 없습니다. 그들을 항복시키는 것은 전혀 다른 문제입니다. 성령께서만 하실 수 있는 일입니다.

지금 우리가 살고 있는 이 시대는 절대 좌표를 잃고 절망으로 몸부림치는 시대입니다. 그러나 아무도 그렇게 느끼지 않습니다. 이 시대의 특징을 다원주의라고 이름 붙이고 의지할 새로운 무엇이 있는 것처럼 여깁니다. 그러나 다원주의는 종합과 통일을 포기했고, 절대기준과 질서를 포기했음을 보여 줄 뿐입니다. 그런데 사람들은 삶의 현실 속에서는 다원주의와 동떨어진 이상한 낙관론을 가지고 살아가고 있습니다. 인간에게 미래를 낙관할 만한 아무런 수단도, 방향도 보이지 않음에도 불구하고 앞으로는 더 나아질 것이라고 스스로를 안심시키며 살아가고 있습니다.

이상한 낙관론은 신자들 속에서도 그 예를 찾을 수 있습니다. '적극적 사고방식'이라는 것입니다. 무엇을 적극적으로 하자는 것입니까? 적극성이란 '모든 게 잘될 거야!'라는 신념인데 여기서 그런 적극성이 가능하게 되는 근거는 이야기하지 않습니다. 단지 '잘될 것이라고 믿으면 잘된다!'는 식의 순환 논리가 있을 뿐입니다. '잘될 것이라고 믿으면 잘된다!'라는 말은 얼마나 이상한 말입니까? 자신이 잘될 것이라고 믿는 낙관적 기대는 우리를 속이는 세상의 정신이라고 할 수 있습니다. 이 세상은 언제나 하나님 나라를 반대하고 있습니다.

먼저 이것을 알지니 말세에 조롱하는 자들이 와서 자기의 정욕을 따라 행하며 조롱하여 이르되 주께서 강림하신다는 약속이 어디 있느냐 조상들이 잔 후로부터 만물이 처음 창조될 때와 같이 그냥 있다 하니 (벧후 3:3-4)

사람들이 자기 정욕대로 살고 자기 마음대로 살면서 신자인 우리를 보고 '심판이 어디에 있느냐?'라고 한다는 것입니다. 대표적으로 심판을 들고 있지만, 여기서 핵심은 '세계관'의 문제를 논의한다는 것입니다.

다원주의 문화 속에서 기독교를 설명할 때, 핵심적인 내용은 '기독교 세계관'입니다. 기독교 세계관의 핵심 내용은 구원과 심판입니다. 하나님이 세상을 창조하셨음에도 세상에는 문제들이 생겨납니다. 이것은 모두 죄 때문입니다. 그러나 하나님이 우리에게 구원을 허락하셨으며, 종국에는 심판의 날이 있다는 것이 기독교 세계관이 보이는 바입니다. 이것이 기독교에서 가르치는 세부적인 내용들을 모두 아우르는 핵심적 골격이라고 하겠습니다.

베드로후서 말씀에서 바로 이 문제가 제기됩니다. '심판이 어디에 있느냐?'라는 것은 '하나님이 어디 있느냐?'라고 하는 것입니다. '세상이 창조되고, 인간이 죄를 짓고, 구원이 필요하고, 결국에는 심판이 있다는 말이 대체 무슨 뚱딴지같은 소리냐?'라고 한다는 것입니다. 기롱할 것입니다. 희롱하고 놀릴 것입니다.

이르되 주께서 강림하신다는 약속이 어디 있느냐 조상들이 잔 후로부터 만물이 처음 창조될 때와 같이 그냥 있다 하니 이는 하늘이 옛적부터 있는 것과 땅이 물에서 나와 물로 성립된 것도 하나님의 말씀으로 된 것을 그들이 일부러 잊으려 함이로다 (벧후 3:4-5)

세상의 풍조들, 세속화된 사상들은 모두 기독교 신앙에 대해 언제나 의지적으로 반대합니다. 그것은 하나님에 대해 의지적으로 반대하는 것입니다. 이것이 죄성입니다. 다원주의적인 지금의 현실 속에서 사람들은 모두 각자의 소견대로, 자기 마음대로 살고 있습니다. 의지할 만한 절대 좌표도 없습니다. 그러면서 적극적 사고방식과 같은 이름으로 우리에게 낙관해도 좋다고 말합니다. 절망에 와 있는 사람들에게 그렇지 않다고 우기며 살게 해 주는 것입니다.

이미 서구 사회는 인생이라는 것이 돈으로 다 되지 않는다는 것을 확인했습니다. 그래서 히피 문화도 생겼고, 마약을 하는 문화도 생겼습니다. 과학만으로는 안 된다는 것을 1, 2차 세계 대전을 경험하면서 인정하고 인류의 정신세계가 파탄 났다는 것과 이 문제가 과학 문명으로는 해결이 안 된다는 것을 확인하고 있습니다.

이성주의의 실패를 확인한 시점에 끼어든 것이 물질주의입니다. 대표적 예로 미국의 생활 방식을 떠올릴 수 있습니다. 행복은 물질적인 관점에서 확인됩니다. 인생의 목표도 모두 물질적으로 정해집니다. 그렇게 하면 삶의 해답이 있을 것이라고 사람들을 부추깁니다. 그리고 열심히 살라고 채찍질합니다. 그러나 그것은 거짓입니다.

근대정신은 행복을 만들어 내지 못했습니다. 과학은 인간의 가치를 증진하지 못했습니다. 이것을 분명히 기억하여 삶을 다르게 살아야 합니다. 그렇지 않으면 우리는 쉽게 속게 됩니다. 다원주의 사회 속에서 우리는 물질문명에 유혹되어 상업적 이기주의에 따라 살게 되었습니다. 물질만 확보하면 행복할 수 있다는 속임수에 넘어가 그나마 이상으로 추구하던 자유, 진리, 평등, 사랑 같은 것들을 모두 폐기해 버렸습니다. 잘살기만 하면 된다는 속물이 되었는데 아무런 죄책감 없이 괜찮은 줄 알고 삽니다.

그리스도인들은 이 속물근성을 기독교적인 방법으로 성취하려고 하고 있습니다. '남보다 잘살게 해 주십시오. 좋은 차 타게 해 주시고 높은 자리에 가게 해 주십시오.' 이런 소망을 이루기 위해 기도하고 금식하고 헌금하며 예수를 믿고 있습니다.

현대의 기독교

기독교의 위기는 기독교에 반대하는 세력이 밖에서 공격할 때만 생겨나는 것이 아닙니다. 어느 시대나 기독교는 기독교의 진리와 가치에 반대하는 세력 속에 자리하고 있다는 점을 기억해야 합니다. 앞서 언급했듯 우리가 살아온 과거에는 신앙에 목숨을 걸어야 한다는 원색적인 요구로 신앙적 헌신이 확인되곤 했습니다. 그러나 지금은 보다 교묘하게 감추어진 유혹과 시험 앞에서 살아야 하는 때입니다. 그래서 우리의 삶을 기독교적인 세계관을 가지고 신앙에 근거하여 해석하지 못한다면, 기독교는 정치, 경제, 사회, 문화, 교육, 종교 등의 여러 국면 가운데 한 부분으로만 머무르고 말 것입니다.

기독교 신앙의 내용을 '교의'라고 부릅니다. 그런데 이것은 이성과 합리주의에 따라 이해될 수 있는 것이 아닙니다. 기독교 신앙의 진리들은 합의하여 도출해 낸 결론이 아니라 믿고 순종해야 하는 진리라는 점이 초대 교회 때부터 확인되었습니다. 그래서 이 진리들을 교의(dogma)라고 부르는 것입니다. 이 내용들은 합리적이지 않으며 과학적 검증으로 확인되는 것도 아닙니다.

그러나 지금 우리가 살고 있는 시대의 정신인 다원주의는 근대정신을 잇는 후손입니다. 종합과 통일을 이루지 못했고 인간의 가치를 증진하거나 행복과 진리를 발견해 내지는 못했을지라도 기독교 신앙에 대해서는 이성과 합리주의로 평가하겠다는 정신입니다. 그와 더불어 사람은 각자 믿는 바에 따라 살아야 한다는 '다원'(多元)을 추구하는 정신입니다. 다원주의는 공식적으로 인정된 믿음의 유형이나 행위의 유형이 없습니다. 그래서 다원입니다.

신자인 우리는 '일원(一元)'주의자라고 할 수 있습니다. 하나님만이 모든 것이며 모든 근거, 권위, 질서, 생명입니다. 그러나 다원주의는 이것을 거부합니다. 자기네들이 대안을 만들다가 실패해서 파편화되었는데 그 파편화된 것을 인정하지 못합니다. 오히려 원래부터 절대라는 것은 없고 따라서 종합이라는 것도 없다고 고집하고 있습니다. 그래서 다원주의 사회는 교의에 따른 권위를 언제나 거부합니다. 개인주의가 되어 각자 자기가 원하는 대로 합니다. 절대 좌표에 따라 통제받는 것을 용납하지 않습니다. 그러니 기독교가 지금 사회에서는 굉장히 어려운 형편에 있는 셈입니다.

교회사 속에서 교의는 권위에 의해 주어지는 것, 믿음으로 받아들여야 하는 것을 의미했습니다. 그러나 현대사회에서는 교의에 서슴지 않고 의문을 표시하는 것이 지적 능력을 표현하는 것이라고 간주됩니다. 비판하고 의심하는 것이야말로 지성적인 것이고, 순종하는 것은 맹신이며 무식한 것이라고 여깁니다. 이것이 이 시대의 풍조입니다. 그래서 그리스도인은 바보 취급을 당합니다. 예수를 믿는다는 것 때문에 지성적인 판단을 내리지 못하는 어리석은 자들로 여겨집니다. 그러나 그 사람들은 정당한 근거를 갖고서 그렇게 판단하는 것이 아닙니다. 자기들에게는 믿을 것이 없고 내놓을 것이 없기 때문에 같이 죽자는 것입니다. 이같은 세상의 정신을 이해해야 합니다.

그리스도인이 교의를 믿고 순종해야 하는 것으로 받아들이는 것에 반해, 다원주의 사회의 사람이 권위에 대해 반대하고 비판하고 의심하는 것이 지적 정직성이라고 여기는 것은 지식의 원천에 대해 양자(兩者)가 달리 생각하고 있기 때문입니다. 그리스도인이 계시를 모든 지식의 원천으로 알고 있다면, 세상 사람들은 이성을 지식의 원천으로 알고 있습니다. 그런데 계시만이 정보의 출처입니다. 하나님으로부터만 모든 정보와 지식이 나옵니다. 하나님이 창조주이기 때문입니다. 이성은 하나님이 주신 것을 관찰하는 수단입니다. 이성은 인간이 사물을 이해하는 수단이지, 정보의 출처가 아닙니다.

문제는 그리스도인들과 불신자들이, 역사 속에 개입하셔서 나타내신 하나님의 역사하심, 곧 하나님의 창조와 구원을 계시 의존적으로 볼 것인지, 이성 의존적으로 볼 것인지의 싸움이라고 할 수 있습니다. 믿음을 가지고 볼 것인가, 아니면 하나님을 제외한 이성의 판단에만 근거하여 역사와 정보를 해석할 것인가의 문제입니다. 이성으로는 신앙으로 받아들이게 되는 정보들을 만들어 낼 수가 없습니다.

과학의 발전 역시 기독교 신앙의 토대 위에서 가능했음을 근대 지성사는 가르쳐 주고 있습니다. 근대 과학의 발전은 하나님의 일관된 통치 방식을 전제로 이루어질 수 있었습니다. 자연이 임의로 변하지 않고 늘 어떤 법칙에 따라 움직여 간다는 점이 전제되지 않은 관찰이나 실험은 언제나 다른 정보를 제공하게 될 것이기 때문입니다. 그런데도 자연의 영역 내에서만 인간과 삶과 세계를 이해하려고 고집을 부린 것이 이성을 앞세운 합리주의이며 과학만능주의입니다. 기독교 신앙은 과학에 반대하지 않습니다. 그러나 과학으로 증명할 수 있는 것 너머에 과학으로 증명할 수 없는 그 이상의 것이 있습니다. 그것이 기독교의 계시에 담긴 내용입니다. 다음 장에서는 합리주의와 과학 모두를 담아내는 기독교적 세계관을 확인해 보겠습니다.

현대의 지성적 흐름과
우리의 대응

02

23 모든 사람이 죄를 범하였으매 하나님의 영광에 이르지 못하더니 24 그리스도 예수 안에 있는 속량으로 말미암아 하나님의 은혜로 값 없이 의롭다 하심을 얻은 자 되었느니라 (롬 3 : 23-24)

현대의 지성적 흐름과 우리의 대응

우리는 앞에서 근대 이후 서구 지성사의 흐름을 간략히 살펴보았습니다. 즉 르네상스 이후 이성 위주의 합리주의와 인본주의가 어떻게 득세하게 되었으며, 두 차례의 세계 대전 이후에 이 흐름이 어떻게 다원주의로 전환되었는가를 살펴보았습니다. 합리주의가 세계와 역사와 인간의 삶을 다 담아내지 못하여 인류에게 신뢰할 만한 인도자가 되지 못했다는 점과 이 때문에 어떤 절대 좌표도 인정하지 않는 다원주의적 사고방식이 도래하게 되었음을 보았습니다.

이번 장에서 함께 확인하고자 하는 것은 서구 지성사의 흐름이 그와 같은 것이었다면, 기독교는 이성 중심의 합리주의와 달리 어떻게 세계와 역사와 인간의 삶을 담아내는가 하는 것입니다. 이 점을 확인할 수 있어야 기독교 복음이 진리라는 말이 무슨 뜻이며, 기독교에만 구원과 소망이 있다는 말에 담긴 의미가 무엇인지 알 수 있을 것입니다.

일반 은총

기독교 진리의 정당성은 초월과 자연 모두를 아울러 설명하는 유일한 해답이라는 점에서 찾을 수 있습니다.

종교 개혁의 의의 가운데 하나로 꼽을 수 있는 것은 '일반 은총'에 대한 이해와 관련되어 있습니다. 중세 기독교는 초월의 우월성을 설명하면서 세상과 종교를 이분법적으로 나누었습니다. 그래서 세계를 설명할 때 중간에 선을 하나 긋고 아래에는 자연이, 위에는 초월이 자리 잡게 했습니다. 그런데 기독교 진리의 우월성을 설명하기 위해 도입된 이 구분이 점차 자연과 초월을 분리하는 경향을 낳았습니다. 시간이 점점 흐르면서 자연만이 인간이 경험하고 설명할 수 있는 유일한 영역으로 남습니다. 상층부인 초월은 보편성을 잃고 개인적인 신념의 영역으로 남게 됩니다. 바로 이 문제와 관련하여 중세 교회와 개신교의 분기점을 생각할 수 있습니다.

자연인으로서 인간이 기독교라는 종교와 우리가 살고 있는 세상을 종합하기는 쉽지 않습니다. 초월의 영역이 없다고 할 수는 없지만, 있다고 할 수 있는 과학적인 검증 방법이 없습니다. 자연은 인간 모두가 경험하고 설명할 수 있는 공통의 장(場)이지만, 초월은 그럴 수 없는 영역입니다. 초월의 세계를 경험했다는 사람들도 있고 주장하는 사람들도 있지만, 초월을 모든 사람이 납득할 수 있는 보편적인 방식으로, 소위 과학적인 방법으로 설명하거나 증명하지는 못합니다.

이 문제에 대해 종교 개혁가들은, 자연과 초월의 구분은 인간이 죄인이 되었기 때문에 생겼다고 설명했습니다. 다시 말해, 하나님 편에서는 그같은 구분이 없다는 것입니다. 초월이든 자연이든 하나님이 다스리시는 영역이라는 점에서, 둘 다 하나님이 일하시는 영역이라는 점에서 일원적이라는 것입니다. 초월도 하나님의 통치 방법이며 하나님을 나타내는 계시의 영역이고, 자연도 하나님의 통치 방법이며 하나님이 당신을 나타내시는 영역입니다. 이같은 이해는 성경의 관점과 일치하는 것이라고 할 수 있습니다. 자연 속에서도 하나님의 통치를 확인할 수 있다는 것은 성경 어디에서나 찾을 수 있는 내용입니다. 예를 들어 시편 19편에서 일반 계시에 대해 어떻게 말하는지 봅시다.

> 하늘이 하나님의 영광을 선포하고 궁창이 그의 손으로 하신 일을 나타내는도다 날은 날에게 말하고 밤은 밤에게 지식을 전하니 언어도 없고 말씀도 없으며 들리는 소리도 없으나 그의 소리가 온 땅에 통하고 그의 말씀이 세상 끝까지 이르도다 하나님이 해를 위하여 하늘에 장막을 베푸셨도다 해는 그의 신방에서 나오는 신랑과 같고 그의 길을 달리기 기뻐하는 장사 같아서 하늘 이 끝에서 나와서 하늘 저 끝까지 운행함이여 그의 열기에서 피할 자가 없도다 (시 19:1-6)

자연 속에 얼마든지 하나님의 영광과 하나님이 누구신지가 드러납니다. 하지만 그것을 확인할 수 있는 것은 신자들뿐입니다. 불신자에게 가서 자연에 하나님의 영광이 드러난다고 주장해 봐야 도무지 납득하지 못할 것입니다.

하나님은 자연계라는 세상을 창조하신 분입니다. 창조주의 영광이 자연계 속에 얼마든지 드러나지만, 죄인인 인간은 그것을 보지 못하는 것입니다.

요한복음 1장에서는 예수님과 그분이 오신 이유에 대해 이렇게 설명합니다.

태초에 말씀이 계시니라 이 말씀이 하나님과 함께 계셨으니 이 말씀은 곧 하나님이시니라 그가 태초에 하나님과 함께 계셨고 만물이 그로 말미암아 지은 바 되었으니 지은 것이 하나도 그가 없이는 된 것이 없느니라 그 안에 생명이 있었으니 이 생명은 사람들의 빛이라 빛이 어둠에 비치되 어둠이 깨닫지 못하더라 하나님께로부터 보내심을 받은 사람이 있으니 그의 이름은 요한이라 그가 증언하러 왔으니 곧 빛에 대하여 증언하고 모든 사람이 자기로 말미암아 믿게 하려 함이라 그는 이 빛이 아니요 이 빛에 대하여 증언하러 온 자라 참 빛 곧 세상에 와서 각 사람에게 비추는 빛이 있었나니 그가 세상에 계셨으며 세상은 그로 말미암아 지은 바 되었으되 세상이 그를 알지 못하였고 자기 땅에 오매 자기 백성이 영접하지 아니하였으나 영접하는 자 곧 그 이름을 믿는 자들에게는 하나님의 자녀가 되는 권세를 주셨으니 이는 혈통으로나 육정으로나 사람의 뜻으로 나지 아니하고 오직 하나님께로부터 난 자들이니라 (요 1:1-13)

요한복음이 전하는 예수 그리스도와 그분의 오심에 대한 설명은 공관복음과 구별되는 면이 있습니다. 공관복음이 예수님의 생애를 알려 주는 데에 집중한다면, 요한복음은 예수님과 그분의 오심에 담긴 의미를 설명하는 데에 초점을 둡니다. 요한복음의 도입부는 '예수는 누구인가?' 하는 물음에 대한 답을 제시하고 있습니다. 예수님은 하나님이시고 그분으로 말미암아 세상이 지어졌다고 합니다.

세상의 어떤 것도 그분의 은혜와 혜택을 입지 않은 것이 없는데 세상이 그분을 몰라본다는 점을 지적합니다. 빛이 어두움에 비치지만, 어두움이 깨닫지 못합니다. 그래서 6절에 있는 바와 같이 "하나님께로부터 보내심을 받은 사람이 있으니 그의 이름은 요한이라"라는 말대로 세례 요한이 예수를 증거하기 위해 등장합니다.

예수 그리스도께서 빛으로서 어두움에 찾아오셨습니다. 우리를 지으신 주인이 왔는데 우리가 알아보지 못했기 때문에 중개하는 이가 필요했습니다. 이로써 그분이 왜 오셔야 했는지에 대해 알게 되는 것입니다.

인간은 죄인입니다. 여기서 죄인이라는 것은 하나님과의 관계가 끊겨서 그분을 감각하지 못하게 된 단절의 상태를 의미합니다. 우리는 종종 죄인이라는 것을 '사망의 자리에 있다', '죽었다'라고 표현하는데 이때 '죽었다'라는 말은 모든 감각과 관계가 끝장난 상태를 설명하기 위해 성경에서 사용된 표현입니다.

하나님이 초월에만 계시고 자연에는 개입하지 않는 것이 아닙니다. 그 둘을 구별해서 어느 한쪽을 더 우월하게 높이는 것도 아닙니다. 그럼에도 불구하고 인간은 죄를 범하여 생명이신 하나님에게서 끊어져 있어 그분과의 관계도, 그분에 대한 감각도 사라지게 된 것입니다. 그 결과 인간은 마땅히 보아야 할 것들을 보지 못하게 되었습니다.

자연 속에서도 주인이신 하나님을 보지 못하게 되었고, 초월 속에서도 하나님을 보지 못하게 되었습니다. 초월로 올라갈 수도 없고, 자연 속에서도 늘 계시는 하나님을 알아차리지 못합니다. 매일 뜨는 태양에서, 피어나는 꽃잎에서, 어디선가 불어오는 바람에서, 그 어느 곳에서나 하나님의 하나님 되심이 가려질 수 없음에도 불구하고 우리는 보지 못합니다. 보지 못하니까 하나님은 없다고 말하는 것입니다.

종교 개혁으로 인해 얻게 된 큰 신학적인 성취 가운데 하나는 우리가 하나님의 자녀라는 이름으로 초월의 세계뿐만 아니라, 자연까지 포괄하는 세계관을 가질 수 있게 되었다는 것입니다. 세계가 무엇인지, 역사가 무엇인지, 인간이 무엇인지, 인생이 무엇인지를 모두 담아낼 수 있는 것이 기독교 진리입니다. 어떤 존재의 가치와 목표를 확인하기 위해서는 그 존재가 처해 있는 세계를 큰 틀에서 이해해야 합니다. 큰 그림을 그리지 못하면 방향을 제대로 잡을 수도, 의미를 확인할 수도 없기 때문입니다.

세상과 인간이라는 존재가 어디서 왔고 어디로 갈 것인가 하는 점을 확인하지 못한다면, 다른 어떤 것도 정할 수가 없습니다. 허무주의밖에 남는 것이 없습니다. 진화론에서 말하듯이 인간이 무생물에서 시작하여 단세포 동물을 거쳐 어떻게 우연의 결과로 여기까지 온 것이고, 인생이란 그저 종족 보존의 책임을 다하고 죽어 버리는 것이라면 대체 무슨 소망이 있겠는가, 아무 소망도 없다면 먹고 마시고 즐기면 될 일이지 무엇 때문에 내일을 준비하겠는가 하고 반론하는 것이 성경입니다.

기독교가 제시하는 세계관은, 하나님이 만드신 자연과 우주와 인생에 대하여 하나님의 창조는 승리라는 영광스러운 결과에 이르게 될 것이라는 약속이 계시되어 있다고 말합니다. 이 영광된 승리가 우리가 말하는 '종말'에 담긴 내용입니다. 신자들은 이것을 바라보고 하나님의 뜻을 따라 그분이 제시하시고 약속하신 목표를 향해 삶의 방향을 잡고 그분의 목적이 이루어지도록 순종하는 인생을 살려고 하는 것입니다.

이런 전망 속에서만 우리의 가치관, 인생의 목표, 방향이 모두 제자리를 잡습니다. 이런 관점에서 볼 때 기독교 복음이 제시하는 바는 죄로부터 벗어나 지옥에 가지 않고 천국에 가는 문제 정도로 단순한 것이 아니라고 말할 수 있습니다. 하나님이 만드신 모든 세상인 자연계와 초월계를 모두 합친 그 창조 세계가 완성으로 나아갈 것인데 우리는 그 완성된 세상을 바라보며 살고 있는 것입니다. 우리가 지금 살고 있는 세상이 그 완성된 세계인 새 하늘과 새 땅으로 그대로 이어질 것은 아니지만, 하나님의 백성인 우리는 지금 경험하는 자연의 영역을 포괄하는 완성된 세상에서 살아가게 될 것입니다. 약속된 세상은 영혼의 나라만이 아니라 육체의 나라이기도 합니다. 영혼과 육체가 합쳐져 부활된 몸을 부여받는 새 하늘과 새 땅입니다. 이처럼 우리의 구원은 창조 질서의 회복이라는 점을 담고 있습니다.

예수를 믿고 신자가 된다는 것은 자연계를 무시하고 초월의 영역에만 관계되는 것을 뜻하지 않습니다. 초월적 완성만을 바라보고 자연계에 대해 염세적이 되어 현실 도피를 갈망하는 신앙관은 성경에서 말하는 것도 아니고 종교 개혁이 가르치는 바도 아닙니다. 종교 개혁이 가르치는 것은, 하나님이 지으신 세상의 진정한 모습과 아름다움이 점차 드러나게 될 것인데 이 일과 관련하여 죄인인 인간이 구원되어 창조 질서를 회복하는 자로 역할을 하게 될 것이며, 이 일은 각 개인의 독특한 인생과 처한 자리에서 하나님의 영광이 드러날 때 이루어진다는 것입니다. 이것이 신앙생활이며, 신자의 삶에 부여된 책임이라고 가르치고 있습니다.

지금 한국 교회가 기독교 신앙의 핵심 중 핵심으로 꼽는 것은 구원일 텐데 그에 대한 이해는 지나치게 내세 지향적이라고 할 수 있습니다. 물론 구원의 완성은 이 세상에서 이루어질 일이 아니지만, 그렇다고 신자인 우리가 현실을 그저 빨리 넘어가고자 현실 도피적인 방향으로 구원을 이해할 것은 아닙니다. 하나님이 우리를 당신의 자녀로 만들어 완성하시는 일은 지금 여기에서 시작되었으니 우리가 신자로서 실천해야 할 책임과 누려야 할 특권이 이 세상에 있다는 점을 기억해야 합니다.

한국 교회에서는 이 점에 대한 이해가 부족합니다. 한국 교회는 전도를 열심히 하는 것으로 유명한데, 그 이유를 생각해 보면 급박함만이 확인되는 것 같습니다. 내일 주님이 재림하실지 몰라서 마지막 열심을 내듯이 급하게 원색적으로 신앙을 전할 수밖에 없다고 여기는 것처럼 보입니다. 그러니 신앙적인 권유에 큰 힘이 담기지 못합니다.

지난 한국 교회의 역사를 돌아보면, 예수를 믿는 것이 박해받는 사회적 상황 속에서 처음 소개되었습니다. 이런 이유 때문에 예수를 믿는다는 것은 무엇보다도 목숨을 내놓을 각오와 결합하여 다가오게 되었습니다. 그래서 예수 믿는 일은 비장함을 동반해야 한다고 생각한 것입니다. '믿을 것인가, 말 것인가?' 하는 결정은 목숨을 담보하며 이 세상을 포기하는 일로 확인되곤 했습니다. 이런 까닭에 신앙은 단호하고 비장한 느낌을 내포하는 것이었습니다. 과거 우리 세대까지만 해도 이런 방식으로 예수를 믿어 왔던 것 같습니다.

그러나 지금 우리에게 닥친 문제는 예수를 믿으면 죽는다는 것이 아니라, 예수 믿는 것을 흐지부지하게 만드는 것입니다. 예수 믿는 것이 "주일날만 믿어라. 너 혼자 집에 가서 자기 전에 기도할 때만 믿어라" 하는 유혹과 시험에 직면해 있는 것입니다. 이렇게 되어, 예전처럼 목숨을 건 각오만을 가지고는 신앙이 어디에서 어떤 식으로 왜곡되며 흐려지고 있는지 깨닫기 어렵게 된 것입니다.

신앙과 삶의 모든 정황과의 관계를 고려하지 못하면서 신앙의 열정과 진실성만을 강조하게 되자, 신앙은 어느 틈에 떠밀려 사회의 여러 국면 가운데 한 부분으로 전락해 버렸습니다. 사람이 겪는 여러 국면인 정치, 경제, 사회, 교육, 문화, 종교 등의 일부인 종교에만 제한되어 다른 부분들과는 관련 없는 것처럼 여겨지게 되었습니다. 삶의 전체를 담아내지 못하는, 왜소하고 무기력한 기독교가 되어 버린 것입니다. 이 문제는 이 시대에 기독교 신앙이란 무엇인지를 확인시켜 주는 매우 중요한 사건입니다.

총체적 구원

앞서 설명한 대로 초월이든 자연이든 다 하나님의 통치 영역입니다. 하나님이 구원의 은혜를 베풀기 위해 사람들을 찾아오시는 일을 담고 있는 것이 초월이라면, 자연은 하나님이 구원과 상관없이 삶이라는 은혜를 모든 사람에게 베푸는 일을 담고 있다고 할 수 있습니다. 일반적으로 구원이 주어지는 초월적 은혜를 '특별 은총'이라고 한다면, 모든 사람에게 노력한 대로 거두며 살아갈 수 있도록 공평한 기회가 베풀어지는 은혜를 '일반 은총'이라고 할 수 있습니다. 어느 쪽이든 하나님만이 주실 수 있는 은혜지만, 죄로 인해 인간 스스로의 힘으로는 구원의 길이 개척될 수 없다는 점을 강조하기 위해 종교 개혁 이후 이렇게 은총을 구분하고 있는 것입니다.

하나님이 특별히 찾아오시지 않으면 인간에게는 구원의 가능성이 없습니다. 죄 때문입니다. 구원을 얻지 못한 사람이라면 초월과 자연을 구분할 수도 없을 것입니다. 그 사람은 단지 자연만을 모든 것으로 여기고 살 것입니다. 물론 그 사람도 하나님의 일반 은총을 받고 있기에 삶을 영위할 수는 있습니다. 하지만 일반 은총으로는 구원을 얻지 못합니다. 구원을 얻은 사람은 자연과 초월을 모두 이해하게 됩니다. 이 사람은 자연을 보면서도 그것이 하나님의 은총으로 가득하다는 것을 확인합니다. 구원을 얻고 나면 자연 속에서 얼마든지 하나님의 영광을 보게 됩니다. 신자는 산 정상에서 일출을 볼 때 자기도 모르게 "할렐루야!" 하고 외칠 수 있습니다. 세상을 살면서도 "할렐루야!" 하고 감사의 이유를 찾아냅니다. 하지만 세상 사람들은 그런 식으로 생각할 수 없습니다. 다른 표현을 사용합니다. 이같은 차이는 죄에 대한 인식 때문에 생겨나는 구별이라고 말할 수 있습니다. 하나님의 은혜가 어디에는 더 있고 어디에는 덜 있어서 생겨나는 차이가 아닙니다.

본문 말씀으로 읽은 로마서 3장 24절은 구원의 필요를 말하고, 로마서 5장 1-2절은 구원의 영광을 이렇게 진술합니다.

모든 사람이 죄를 범하였으매 하나님의 영광에 이르지 못하더니 (롬 3:23)

그러므로 우리가 믿음으로 의롭다 하심을 받았으니 우리 주 예수 그리스도로 말미암아 하나님과 화평을 누리자 또한 그로 말미암아 우리가 믿음으로 서 있는 이 은혜에 들어감을 얻었으며 하나님의 영광을 바라고 즐거워하느니라 (롬 5:1-2)

사람이 예수 안에서 구원을 허락받고, 이후 그 사람이 초대받아 향하게 되는 것은 하나님의 영광입니다. 이 영광은 자연에는 없고 초월에만 있는 영광이 아닙니다. 이제 그 사람은 하나님의 자녀로서 자연과 초월을 모두 아우르는 하나님의 영광으로 부름받게 된 것입니다. 그는 초월과 자연 모두를 알게 되고, 자연 속에 충만한 하나님의 통치와 인도를 깨닫게 되어 순종하게 됩니다. 그는 자연 속에서 하나님의 영광스러운 창조의 질서를 회복하고 그분의 영광을 드러내는 이로 살게 됩니다.

그런데 이와 같은 신자의 현실을 한국 교회에서는 확인하기가 쉽지 않습니다. 이것은 한국 교회의 신학적 배경이라고 할 수 있는 복음주의가 구원의 내용 가운데에서도 '회심'에 강조를 둔 운동이기 때문입니다. 구원을 자연과 초월 중에서 초월에만 해당하는 것으로 이해하려는 경향이 있기 때문입니다. 기독교 신앙이 초월로 자연을 내리눌러 윽박지르는 것같이 되었습니다. 자연의 아름다움을 하나님이 창조하시고 통치하시는 대로 살려 내지 못하고 있습니다.

예를 들면, 시험을 볼 때에 기도하고 시험을 잘 보는 것과 공부해서 시험을 잘 보는 것 가운데 전자가 후자보다 더 신앙적으로 여겨지는 것입니다. 기도하면 신앙적이고, 공부하면 세상적인 것처럼 생각하는 성속(聖俗) 분리의 사고를 극복해야 하는데도 말입니다. 거룩한 것과 속된 것은 그렇게 영역으로 구분되어 있지 않습니다. 성과 속을 구분하는 것은 죄입니다. 죄가 없는 곳은 모두 거룩한 곳이며, 죄가 있는 곳은 어디나 속된 곳입니다.

구원을 받으면 자연을 지탱하는 하나님의 질서와 그곳에 가득한 하나님의 공의로운 통치에 대한 이해와 순종이 동반되는 법입니다. 이것이 신앙입니다. 공부는 어떻게 해야 잘하게 됩니까? 열심히 해야 잘하게 됩니다. 신앙도 이와 같은 것입니다. 공부를 잘해야 하는가, 경건에 힘써야 하는가 묻는다면, 둘 다 잘해야 한다고 답해야 합니다. 경건과 공부, 달리 표현해서 경건한 것과 성실한 것은 함께 가는 것이지 서로 배타적인 것이 아닙니다. 여기서 성경의 가르침을 몇 가지 확인할 필요가 있습니다.

선생님 율법 중에서 어느 계명이 크니이까 예수께서 이르시되 네 마음을 다하고 목숨을 다하고 뜻을 다하여 주 너의 하나님을 사랑하라 하셨으니 이것이 크고 첫째 되는 계명이요 둘째도 그와 같으니 네 이웃을 네 자신 같이 사랑하라 하셨으니 이 두 계명이 온 율법과 선지자의 강령이니라 (마 22:36-40)

'율법과 선지자'란 구약 성서를 말하는 것으로 '온 율법과 선지자의 강령'이란 구약 성서의 핵심 메시지를 뜻하는 것입니다. 신약 시대의 성도들이 보자면, 이것은 성경 전체의 강령인 셈입니다. 사람들을 향한 하나님의 뜻 가운데 가장 중심되는 것이 무엇인지의 문제입니다.

율법의 제일 큰 계명은 무엇입니까? 하나님을 사랑하고 이웃을 사랑하는 것입니다. 하나님 사랑이 이웃 사랑으로 표현되어 나와야 합니다. 하나님 사랑이 이웃 사랑으로 나와야 한다는 것은 성경의 중요한 가르침 가운데 하나입니다. 여기에서 하나님을 사랑하는 것과 인간을 사랑하는 것은 다른 문제가 아닙니다. 하나님 사랑은 이웃 사랑으로 나오는 것입니다.

이 가르침은 우리가 계속 살펴 온 문제와 연결됩니다. 초월은 초월의 영역에 제한되는 것이 아니라, 인간이 초월의 경험을 가지면 자연 역시 하나님의 통치 아래 있다는 점을 알게 된다는 것입니다. 하나님을 믿는다, 예수를 믿는다고 할 때, 하나님이 지으시고 통치하시는 모든 세계를 신자로서 떠받들고 감싸안아 책임져야 한다는 것이 동반된다는 점을 여기서 확인하게 됩니다.

새 계명을 너희에게 주노니 서로 사랑하라 내가 너희를 사랑한 것 같

> 이 너희도 서로 사랑하라 너희가 서로 사랑하면 이로써 모든 사람이 너희가 내 제자인 줄 알리라 (요 13:34-35)

예수님의 제자라는 것은 무엇으로 증명됩니까? 예전에는 예수님을 위하여 목숨을 바치는 것, 곧 초월로만 확인된다고 보았습니다. 그러나 예수님의 제자라는 정체성은 이웃 사랑으로 드러나야 한다고 가르칩니다.

만일 우리가 신앙을 이해할 때 성과 속, 혹은 초월과 자연을 나누고 둘 사이에 우월한 것은 초월이라고 생각한다면 우리의 신앙은 이웃들이나 믿지 않는 자들에게 공격적으로 표현되고 맙니다. 복음을 믿고 하나님의 자녀 된 증거가 믿지 않는 사람을 공격하는 것으로 나오게 되는 것입니다. 사람들이 바빠 출근할 때, 지하철역 계단을 막고 서서 전도하는 일이 이에 대한 예가 될 수 있습니다. 진심으로 전도하고 싶다면 바쁜 사람들의 길을 막지 말고 전도해야 할 것입니다.

우리는 신앙을 표현할 때 매우 원색적입니다. 마치 불을 뿜어 대는 것 같습니다. 성경에서는 우리에게 빛이 되라고 하지, 화염 방사기가 되라고 하지 않습니다. 우리는 빛이 되어야 합니다. 불이 되어 다 태워 버리려고 하지 말아야 합니다. 기독교 신앙을 위하여 이 한 몸 바치겠다고 하기 전에 변해야 할 것입니다. 하나님이 뜻하신 참다운 형상을 회복한 자답게 스스로를 자리매김해야 할 것입니다. 하나님이 주신 자리를 지키고 그곳에서 자신의 인생을 살면서 향기를 발하는 멋있는 사람이 되어야 합니다. 이 문제는 요한일서에서 더 상세히 설명됩니다.

> 누구든지 하나님을 사랑하노라 하고 그 형제를 미워하면 이는 거짓말하는 자니 보는 바 그 형제를 사랑하지 아니하는 자는 보지 못하는 바 하나님을 사랑할 수 없느니라 (요일 4:20)

놀라운 말씀입니다. 초월을 경험했다면 자연에서 신자다운 변화가 있어야 합니다. 자연에서는 아무 변화가 없으면서 초월을 경험했다는 것은 잘못된 일이라는 말씀입니다. 예수님을 만나 회심하고 구원의 확신을 얻었다면, 다시 말해 초월을 보았다면, 모든 인류에게 허락된 보편적 현실인 자연 속에서 하나님을 만난 사람답게 달라져야 한다고 합니다. 하나님을 몰라서 아직도 죄 가운데 있는 사람과, 구원을 얻어 하나님의 의와 은혜를 입은 사람의 다름이 자연에서 나타나야 합니다.

사소해 보이는 데서도 차이가 나타나야 합니다. 이를테면, 긴 줄에 서서 기다릴 때에도 표정이 달라야 합니다. 그런 차이가 없다면 '위엣 것'을 봤다는 것은 속이는 일이 됩니다. 우리는 이 점에서 잘못 생각하고 있습니다. 흔히 사람들은 신앙을 자연계에 관한 것이라고 생각하지 못하는 것 같습니다. 초월은 다른 종교와 기독교를 구분하게 해 주는 것이 아닙니다.

기독교 신앙이 다른 종교와 어떻게 구별되는지 답하기 위해 기도에 대해 생각해 봅시다. 우리의 기도는 '주문'과는 다릅니다. 주문을 외울 때는 내용을 이해하는 것이 중요하지 않습니다. 내용을 이해하지 못해도 주문을 외우면 의도한 결과를 이룰 수 있습니다. 이를테면 '열려라, 참깨!' 이 말을 하면 문이 열린답니다. 하지만 누가, 왜 열어 주는지는 아무도 모릅니다.

기도는 이런 주문과는 다릅니다. 기도는 어떻게 합니까? 우리는 기도하면서 따지게 됩니다. "하나님, 이번에 이 사업 하나는 잘 되어야 한다고 제가 몇 번이나 기도했습니까? 하나님, 생각해 보십시오. 일이 안 되면 나만 망하는 게 아닙니다. '저 사람 예수 믿고 교회에 헌금하고 열심 내더니 봐라! 사업 망했다. 하나님이 어디에 있냐'고 하면 하나님한테도 큰일입니다. 그래도 가만히 계실 겁니까?" 이런 식으로 기도하게 됩니다. 물론 하나님은 우리가 하는 위협에 넘어가지 않으십니다. 하나님의 선하신 뜻대로 일을 이루어 가실 것입니다.

그런데 우리가 하나님 앞에 따지기 위해서는 먼저 우리에게 하나님이 어떤 분인가에 대한 이해와 하나님의 약속에 대한 지식이 있어야 합니다. "하나님이 성경 몇 장, 몇 절에 말씀하지 않았습니까? 하나님이 이렇게 한다고 하셔 놓고 이렇게 안 하시면 어떻게 합니까?" 이렇게 기도하기 때문입니다.

더 본질적으로 살펴본다면, 기독교가 다른 종교와 구별되는 독특한 특징은 계시를 받았다는 점에서 찾아볼 수 있습니다. 계시란 하나님이 우리에게 나타내시고 보이시는 것을 말합니다. 기독교의 특징은 초월보다는 계시에서 찾아야 합니다. 계시에서 하나님은 자신이 어떤 존재인지를 인간에게 나타내시고, 우리를 구원하신다는 것에 어떤 의미가 담겨 있는지를 설명하십니다.

앞서 살펴본 마태복음 22장, 요한복음 13장, 요한일서 4장은 전부 계시로서 우리에게 무엇을 말하고 있습니까? 하나님을 만나면 한 인간의 존재와 삶이 달라지고 변화되며, 그 변화가 드러나게 된다는 것입니다. 어떤 초월적인 것에 늘 잠겨 있다는 식의 경건과 거룩을 말하는 것이 아닙니다. 그보다 더 넓게 인간이라는 존재가 원래 이래야 하는 것이라는, 존재의 전 영역을 아우르는 보편적인 진술을 하고 있습니다.

쉽게 말하자면, 상식과 교양 있는 인간이 되는 일에 대해 가르치고 있다고 할 수 있습니다. 이것은 지식으로부터 나오는 상식과 교양을 가리키는 것이 아닙니다. 하나님의 구원하심에 따라 인간이 본연의 자리를 찾게 되어 얻는 상식과 교양을 말하는 것입니다. 그것이 신앙이며 성경에서 말하는 신앙생활이며 구원입니다. 이것을 갖추지 못하면 그리스도인은 세상 사람들 앞에 자기가 믿는 바에 대해 나눌 공통의 장에서 도망가는 꼴이 됩니다.

그리스도인은 세상 앞에 제사장으로 서 있게 됩니다. 하나님은 성직자를 통해서만 세상과 만나시는 것이 아닙니다. 하나님은 불신자도 만나십니다. 신자들의 직업과 삶의 구체적인 차이와 상관없이 하나님은 어디서든 당신을 드러내시며 불신자들을 만나십니다. 신앙이 좋기 위해서 목사나 선교사가 되어야 할 필요는 없습니다. 어떤 사람은 하나님이 특정한 직분으로 부르실 수 있습니다. 목사나 선교사 같은 직분으로 부름을 받는 사람도 있습니다. 그런데 성경에서는 우리가 직분으로 부름받기 전에 신자로 부름받았다는 점을 강조하고 있습니다. 모든 신자는 신자 됨으로 인하여 하나님과 동행하며 하나님의 역사가 이루어지는 통로가 됩니다. 이것이 우리의 구원에 담긴 근본적인 가르침입니다.

잘못된 해결책들

여기서 오해를 피하기 위해 더 살펴볼 점이 있습니다. 지금까지 '상층부로 하층부를 압도하여 항복시키려고 하지 않는다'는 말을 했습니다. 그런데 반대로 '자연으로 이긴다, 과학으로 이긴다'식의 생각 또한 잘못된 것입니다. 오늘날 사람들은 과학이야말로 어떤 일에 대하여 궁극적인 설명을 제시해 줄 수 있다고 생각합니다. 하지만 과학의 역할은 현상을 설명하는 것일 뿐입니다. 과학이 어떤 일에 담긴 의도와 목적을 설명하지는 못합니다.

사람들은 흔히 과학이 현상을 잘 설명하니, 이유와 목적도 설명해 줄 수 있을 거라고 기대합니다. 이것이 현대 학문을 대하는 태도입니다. 현대의 여러 학문들은 과학적 정신 위에 서 있습니다. 과학만이 유일한 설명의 방법이 된다고 여기고 과학적 방법에 따라 모든 것을 가르치려고 합니다. 그러나 앞에서 살펴보았듯 현대 학문에서는 과학이 견고한 지식을 제공해 주지 못한다는 점을 깨닫고 당황해하고 있습니다. 그러면서 이제는 이성적 판단에 근거한 과학이 제시해 줄 수 있는 진리란 만고불변의 것이 아니라, 단지 개연적(蓋然的)인 진리에 불과하다고 말하고 있습니다. 하지만 일반 사람들은 여전히 과학이 가르쳐 주는 것을 틀림없는 진리라고 받아들이고 있습니다.

과학 교과서에서 진리처럼 다뤄지는 진화론에서도 그런 경우를 찾아볼 수 있습니다. 중고등학교 과학 교과서만 보더라도 진화론은 생명이 처음 생겨난 일과 다양한 생명체들이 세상에 존재하게 된 일에 대한 유일한 설명으로 여겨지고 있습니다. 하지만 진화론은 생명 현상에 대한 충분한 설명도, 풍부한 증거 사례도 갖고 있지 않다는 점을 과학자들도 아는 바입니다.*

예를 들면, 어떤 종에서 다른 종으로 뛰어넘는 사례를 찾기가 어렵습니다. 다윈은 환경 변화에 따라 핀치 새의 부리가 변화한다는 점에서 진화의 사례를 확인할 수 있다고 생각했습니다. 또 현대 의학자들은 에이즈 바이러스가 외관상 돌연변이로 치료용 약물에 적응해 나가는 점을 진화의 분명한 사례라고 보고하기도 했습니다. 하지만 핀치 새의 부리도, 에이즈 바이러스도 외부 환경의 변화가 그치자 원래의 모습을 되찾았다는 점은 별로 소개되지 않았습니다.

역전이 가능한 변화는 사소한 적응에 불과하지, 어떤 종에서 다른 종으로의 진화를 보여 주는 예가 아니었던 것입니다. 생물 도감이나 교과서에 흔히 실려 있는 척추동물 배아들을 비교하는 그림이 있습니다. 이 그림은 헤켈이라는 학자가 '개체 발생은 계통 발생을 되풀

---

* 더 자세한 내용을 알고 싶다면 낸시 피어시의 《완전한 진리》 제2부를 참조하면 좋습니다.

이한다'는 자신의 주장에 대한 근거로 만든 것입니다. 그 주장은 각각의 배아가 앞선 진화의 단계를 모두 재현한다는 것입니다. 그림은 물고기, 도마, 거북이, 닭, 돼지, 송아지, 토끼, 인간의 초기 배아는 전부 올챙이 같은 모습과 유사하다가 나중에 가서야 모양이 달라진다는 것을 보여 주고 있습니다. 여러 종의 생명체가 모두 같은 조상을 갖고 있다는 점에 대한 증거라는 것입니다. 하지만 이 유명한 그림은 헤켈이 원래 모양들을 조작해서 만들어진 것이라는 사실이 밝혀졌습니다. 초기 배아의 모양부터 각각은 서로 상당히 다릅니다. 그런데도 지금까지 교과서에서는 이것이 사실인 것처럼 우기고 있습니다. 생물학자를 비롯한 과학자들 스스로가 진화론이 충분한 설명을 제공하는 이론이 아니라는 점을 알면서도 대안이 없다고 생각하기에 계속해 오던 대로 고집하고 있는 것이라고 할 수 있습니다.

    지금 여기서 진화론에 대해 본격적으로 논의하려는 것은 아닙니다. 기억해야 할 더 중요한 점은, 과학이야말로 기독교 계시를 대신할 만한 정확한 진리를 제공해 준다는 식의 생각은 근대 이후 사그라져 버렸다는 것입니다. 과학 정신이 기독교 신앙을 대신할 수 있다고 믿었던 낙관적인 생각은 포기되었습니다. 과학으로는 인생의 가치와 목적을 확인할 수도, 만들어 낼 수도 없기 때문입니다. 혹 과학이 사물이나 사건에 대해서는 그 현상을 잘 설명한다고 하더라도, 그 사물이나 사건에 담긴 의도와 목적을 가르쳐 주기란 어려운 일입니다.

    이런 점을 생각할 때, 과학과의 싸움은 일종의 신앙적인 싸움이라는 점을 깨닫게 됩니다. 신자가 기독교 신앙에서 인생의 의미와 목적을 배우고 있다면, 세상 사람들은 과학으로부터 인생의 의미와 목적을 배우고 있기 때문입니다. 그 두 가지 내용은 상반됩니다. 그렇기 때문에 신자가 기독교 신앙을 가지고 있다면, 세상 사람들은 신앙을 가지지 않은 것이 아니라 반(反)신앙을 가지고 있는 셈입니다. 그러니 불신자에게 신앙을 설명해 준다고 해도 받아들일 수 없습니다. 신앙은 그에게 세상과 자신을 보는 관점 전체를 바꾸기를 요구하는 셈이기 때문입니다.

신자가 불신자를 전도하기 위해 쓸 수 있는 가장 좋은 방도는 구원받은 사람에게만 있는 참다운 인간의 영광된 모습입니다. 그것이 있어야 근대 이후 모든 절대 좌표를 포기할 수밖에 없어 결국 허무주의로 가고 있는 사람들이 기독교에는 해답이 있다고 느끼게 될 것입니다. 여기서 이 시대를 향한 그리스도인의 책무를 확인할 수 있습니다.

지금처럼 반지성적이고 초월 위주의 전도만으로 사람들의 심령에 다가갈 수는 없을 것입니다. 오늘날 한국 교회는 그 어느 때보다도 풍부한 양적 자원을 가지고 있지만, 세계 전체를 아우르는 세계관을 담아내지 못하기에 어려움을 겪고 있습니다. 기독교 진리의 큰 틀을 깨닫지 못한 탓에 열심은 있지만 무지한 채, 기독교를 제대로 설명하지도 변증하지도 못하고 있습니다. 세상 사람들에게 신자들은 '맹신자들' 혹은 '광신자들'이라는 오명으로 불릴 뿐, 주님의 영광을 드러내지 못하고 있는 것이 우리의 가슴 아픈 현실입니다.

또 한 가지 짚어 볼 문제가 있습니다. 기독교 안에 자유주의라고 불리는 흐름이 있습니다. 우리가 살펴본 상층부와 하층부, 곧 초월과 자연에 대한 이들의 처리 방식은 또 다른 것입니다. 자유주의는 하층부인 자연에 자연주의를 수용했습니다. 자연과 초월의 이분법을 수용해서 자연은 과학만으로도 다 설명되는 곳이라고 인정하고, 상층부인 초월에만 국한된, 즉 자연이나 역사로부터 완전히 단절된 새로운 형태의 기독교를 재건하려고 애씁니다. 기독교는 역사적인 사실에 근거해 있다는 점을 애써 무시한 채, 기독교를 그 뿌리로부터 뽑아내서 상층부인 초월로 던져 버린 셈입니다. 이 세계, 즉 역사적 사실과는 상관없는 상층부만의 기독교는 현실 세계와 관련 없이 주관적이고 알맹이 없는 상징과 은유로 전락하게 되었습니다.

자유주의는 기독교 신앙의 역사적 근거들을 거부합니다. 창조, 부활, 동정녀 탄생 등을 다 거부하며 과학으로 검증될 수 없는 것은 무엇이든 다 제거합니다. 그래서 기독교 진리는 개인적인 신념, 종교적인 사유(私有)로 이해되었고, 기독교가 가르치는 내용은 실제 세계와 직접적인 관계를 맺지 않는 관념화된 세계에 대한 것이 되어 버렸습니다. 자연 세계를 살아가는 인간에게 정신적 위로를 주는 차원의 것으로 기독교가 머무르게 된 것입니다.

기독교 신앙의 초월성

기독교 신앙의 초월적 내용은 우리를 어디로 이끌고 가서 무엇을 결실하게 해야 하는 것입니까? 세상 사람들과 다른 신자의 모습은 자연 속에서 드러나야 합니다. 성경은 이 점을 분명하게 가르칩니다.

> 주 안에서 항상 기뻐하라 내가 다시 말하노니 기뻐하라 너희 관용을 모든 사람에게 알게 하라 주께서 가까우시니라 아무 것도 염려하지 말고 다만 모든 일에 기도와 간구로, 너희 구할 것을 감사함으로 하나님께 아뢰라 그리하면 모든 지각에 뛰어난 하나님의 평강이 그리스도 예수 안에서 너희 마음과 생각을 지키시리라 (빌 4:4-7)

성경의 명령과 교훈을 살펴보면, 신자의 삶은 초월만을 붙잡고 있으면 자연까지도 다 해결된다는 식으로 설명되지 않습니다. 기독교 진리를 통해 초월에 속한 것을 알았고, 자연도 하나님이 다스리시는 곳임을 알았으니 이제 자연 속에서 다르게 살라고 가르치고 있습니다. 신자는 하나님 없는 세상 사람들처럼, 곧 자연만을 모든 것으로 여기고 그곳에서 자기 힘으로 나름의 이유와 가치를 만들어 내려는 사람들처럼 살지 말라는 것입니다.

자연에 속한 것을 삶의 이유와 원인과 근거로 삼지 말아야 한다는 것이 무엇입니까? 성경에서는 이런 식의 표현으로 경고하고 있습니다. '돈을 사랑하지 말라!' 돈을 사랑한다는 것은 돈으로 할 수 있는 것을 사랑한다는 것입니다. 세계가 자연뿐이라면 돈은 가장 힘 있는 것이라고 할 수 있습니다. 죄가 주장하는 세상에서 힘을 발휘하는 것이 돈입니다.

그런데 신자는 그렇게 살면 안 된다고 성경에서 가르치고 있습니다. 신자란 초월을 가졌기에 세상이라는 자연이 아무 수고 없이 따라오는 삶으로 부름받은 사람이 아닙니다. 신자는 초월로 인해 세계에 대한 이해가 달라져 자연인 세상 속에서 어떻게 살아가야 하는지를 알게 된 사람입니다. 그는 세상에서 하나님의 자녀답게 하나님을 의지하고 하나님의 형상이 회복된 사람으로 살아가게 됩니다. 진실함과 의로움과 거룩함과 성실과 정직으로 살아야 합니다. 이것이 성경의 가르침입니다.

끝으로 형제들아 무엇에든지 참되며 무엇에든지 경건하며 무엇에든지 옳으며 무엇에든지 정결하며 무엇에든지 사랑 받을 만하며 무엇에든지 칭찬 받을 만하며 무슨 덕이 있든지 무슨 기림이 있든지 이것들을 생각하라 (빌 4:8)

어떤 일을 하든 그 일 자체만을 보고 싸우지 말고 전체 틀을 보라고 합니다. 신자는 하나님이 창조자이며 구원자이며 심판자이신 세계에 살고 있다는 것을 알고 있으니 언제나 이 틀 안에서 어떻게 살아야 하는가를 물어야 한다는 말입니다. 그래야 삶의 방향이 잡히고 그때그때 형편에 대한 판단이 서게 됩니다.

우리가 살면서 신자로서 부딪히는 싸움은 언제나 하나님 말씀대로 할 것인가, 세상이 하라는 대로 할 것인가 하는 선택의 문제입니다. 우리가 사는 일은 다만 먹고사는 문제가 아닙니다. 주께서는 '너희는 먼저 그의 나라와 그의 의를 구하라 그리하면 이 모든 것을 너희에게 더하시리라'(마 6:33)라고 말씀하셨습니다. 하나님이 우리에게 허락하신 땀 흘려 벌어먹어야 하는 삶의 현실은 다만 죗값으로 부과된 벌이 아닙니다. 구원을 얻고 난 후 신자의 삶의 현실은 하나님의 통치로 세상 동료들과 만나는 곳이 됩니다. 내가 하나님의 사람으로 서 있는 한, 그곳은 하나님이 세상 사람들을 만나는 곳이 됩니다. 성경책을 들고 초월을 끌어들이지 않아도 그곳은 언제나 하나님이 다스리시는 곳입니다. 신자인 우리는 하나님의 자녀로서 그 상황을 어떤 식으로 살아야 하는지 보여 주어야 합니다. 믿지 않는 사람들이 세상에 굴복하고 죄악된 방법을 사용하며 그 상황을 넘어가려고 할 때, 신자는 하나님의 사람답게 신실함과 공의로움과 자비로움과 희생으로 그 상황을 헤쳐 나가는 싸움을 해야 합니다.

예수님의 가르침인 '오른편 뺨을 맞으면 왼편도 돌려 대라'(마 5:39 참조)는 말씀은 무법천지를 만들라는 것이 아닙니다. 법과 사회 질서는 삶을 영위하기 위해 주어진 하나님의 일반 은총의 결과입니다. 질서를 지키고 법을 지켜야 합니다. 이 말씀은 복수심으로 싸우지 말라는 것입니다. 신자의 싸움은 신앙으로, 성경적 세계관으로 삶의 모든 정황들을 해석하고 거기에 걸맞게 실천하는 것으로 나타나야 합니다.

우선 살맛이 나야 합니다. 신자도 어려움을 당할 수 있습니다. 예수님이 '세상에서는 너희가 환난을 당하나 담대하라 내가 세상을 이기었노라'(요 16:33)라고 말씀하셨습니다. 예수님을 핍박한 세상입니다. 예수님을 따르는 우리도 핍박당할 것입니다.

신앙 고백이 갖는 참다운 힘의 크기를 알아야 합니다. 세초부터 세말까지 영원무궁토록 유일하신 하나님의 통치 아래 그분의 창조와 구원과 사랑의 대상으로 우리가 서 있습니다. 우리를 통하여 하나님이 영광 받으시기를 기뻐하십니다. 우리를 통하여 하나님이 한 영혼을 만나고 그에게도 하나님이 창조하신 영광을 드러내길 원하십니다. 그 일을 위해 우리는 각각의 자리에 처해 있습니다. 그곳이 우리의 일터이며 싸움터이며 선교지이고 하나님의 영광이 기적적으로 결실하는 놀라운 자리입니다. 이것을 이해하고 온 세상과 역사와 인생을 담아내는 신자의 역할에 충실해야 할 것입니다.

현대성의 도래

03

1 너는 이것을 알라 말세에 고통하는 때가 이르러 2 사람들이 자기를 사랑하며 돈을 사랑하며 자랑하며 교만하며 비방하며 부모를 거역하며 감사하지 아니하며 거룩하지 아니하며 3 무정하며 원통함을 풀지 아니하며 모함하며 절제하지 못하며 사나우며 선한 것을 좋아하지 아니하며 4 배신하며 조급하며 자만하며 쾌락을 사랑하기를 하나님 사랑하는 것보다 더하며 5 경건의 모양은 있으나 경건의 능력은 부인하니 이같은 자들에게서 네가 돌아서라 (딤후 3:1-5)

현대성의 도래

앞에서 살펴본 바는 문예 부흥 이후 서구 사회의 지성적 흐름이었습니다. 문예 부흥 이후 서구 사회가 인본주의와 합리주의에 경도되어 과학적 방법에 의지해 세계와 역사, 인간과 인생을 담아내려는 시도를 하다가 자포자기에 빠지게 된 사정을 훑어보았습니다. 아울러 기독교가 신앙을 초월이라는 상층부에만 국한시키려고 하거나 혹은 초월로 하층부인 자연을 억압하거나 강요하게 될 때, 기독교적 세계관이 빈약하게 축소되어 버리는 문제에 대해서도 생각해 보았습니다.

앞으로 살펴볼 내용은 '현대화'와 '현대성'에 관한 것입니다. 지금까지 두 장에 걸쳐 지성사적 관점으로 오늘의 시대를 점검해 보았다면, 지금부터 두 장에서는 현대를 사회학적 측면에서 살펴보는 기회를 가져 보려고 합니다.

도시화

현대화란 제조와 상업을 목적으로 하여 사회가 도시를 중심으로 재편되는 과정을 말합니다. 지성사적으로 볼 때 근대가 합리주의의 발흥과 맥을 같이 한다면, 근대의 중대한 사회적 변화는 산업 혁명에서 찾을 수 있습니다. 산업 혁명 이전의 서구 사회에는 농경 사회적 구조가 있었습니다. 그런데 기계의 발달로 산업 생산에 큰 변화가 생기면서 급속한 도시화가 이루어집니다. 그 전까지 사람들에게 긴요한 생활필수품들은 농업과 목축업을 통해 제공되었습니다. 농사나 목축은 성격상 넓은 면적의 땅이 있어야 했으므로 사람들은 띄엄띄엄 흩어져 살 수 밖에 없었습니다.

그런데 기계가 개발되어 이전에 수공업 방식으로 생산되던 물품들이 공장에서 대량으로 쏟아져 나오게 됩니다. 이제 기계가 있는 곳으로 노동력이 집약될 필요가 생겨났고, 사람들이 모여들게 됩니다. 한편으로 이들은 대량 생산된 상품들을 소비하는 대규모 집단이 되기도 했습니다. 이런 배경 속에서 사람들은 모여 살기 시작했고, 도시는 더욱 커지게 되었습니다. 이제 생산에 많은 면적이 필요하지 않게 되고, 많은 사람이 모여서 더 큰 규모의 경제 활동을 하는 일들이 자연스러운 추세가 되어 도시화가 가속됩니다. 도시화가 되는 이 과정이 현대화의 중요한 내용이라고 할 수 있습니다. 도시화 과정 속에서 생겨나는 삶의 새로운 특징들을 묶어 현대성이라고 말할 수 있습니다. 간단히 말해서 현대화 원상으로 생겨나는 특징들이 현대성입니다.

도시 집중 현상은 살펴본 바대로 산업 혁명에서 비롯되었습니다. 과학적인 방법으로 인해 예전과는 비교할 수 없을 정도로 생산성이 향상됩니다. 이런 변화는 사람들의 삶의 방식을 바꾸어 놓았습니다. 사회 질서가 전통과 권위로 유지되는 농경 사회에서 살던 사람들이 도시로 모여듭니다. 이제 이들에게 전통과 권위로부터 자유로운 삶이 시작됩니다.

도시 생활 이전에는 사람들이 같은 곳에서 대를 이어 살았기 때문에 사회 전체가 연속성을 지니고 있었습니다. 한 가족뿐만 아니라 이웃들도 세대에 걸쳐 같은 곳에서 살아왔기 때문입니다. 한 주거 지역에 사는 구성원들이 서로 오랜 관계를 유지하며 살아왔던 것입니다. 어느 집의 누구 하면 마을 사람들이 다 알아듣던 시대였습니다. 얼굴과 이름만이 아니라 그 사람의 집안 내력과 중요한 사건까지 모두 알고 있었습니다. 그렇게 모두가 서로를 알며 살던 방식이 도시에서는 유지되지 못합니다. 도시에서는 훨씬 많은 사람들이 모여 살게 되면서 서로 누군지 모르게 됩니다.

도시화는 삶의 방식에 근본적인 변화를 가져옵니다. 도시화로 인한 삶의 방식의 변화를 이해하는 일이 오늘 우리가 사는 시대를 이해하는 데 매우 중요합니다. 이 변동은 눈에 보이는 변화를 넘어 더 깊이 근본적인 전환을 동반하고 있기 때문입니다. 현대화에서 비롯된 삶의 새로운 방식의 특징을 제대로 이해하지 못한다면, 지금 우리가 왜 이런 모양으로 살고 있으며, 우리 삶에 얽혀 있는 문제가 무엇인지 감지하지도 이해하지도 못할 것이기 때문입니다.

두 영역의 구분

도시 집중 현상은 사람들을 두 세계에서 살게 만들었습니다. 사람들이 자신들의 삶 속에서 공적 영역의 삶과 사적 영역의 삶을 구분하기 시작한 것입니다.

공적인 삶이란, 공통된 목적을 위하여 사람들이 모여서 활동하는 삶의 영역을 가리킵니다. 여기서의 공통된 목적은 주로 상업적 이득을 뜻합니다. 이것의 대표적인 현상을 회사라고 할 수 있습니다. 사람들이 회사에 모이는 것은 기업의 이윤을 내기 위해서입니다. 기업의 이윤을 위해 각양각색의 사람들이 한 조직 안에 모여 나름의 역할을 부여받습니다. 회사에서 한 개인을 평가할 때 주로 고려하는 점은 그가 회사라는 조직의 목적을 이루는 데 어떤 기여를 할 것인가 하는 점입니다. 개인의 취향이나 신념은 고려될 문제가 아닙니다. 사람들은 기업의 이익을 위해 거기에 모여 있기 때문입니다.

공적 세계에서 개인이 지니는 중요성은 그들의 됨됨이나 그들이 견지하고 있는 가치, 신념, 신앙이 아니라 개인이 행하는 일에서만 찾아집니다. 그 사람이 진실한가, 고매한 인격을 가지고 있는가와 같은 점은 별로 중요하지 않습니다. 다만 그 사람이 그가 속한 집단에 어떻게 쓸모 있을 것인가 하는 점만이 관심의 대상이 됩니다. 공적인 세계에서 탁월한 역할을 해내려고 할 때 개인적 성품은 오히려 장애가 될 수도 있습니다. 그래서 이 세계에서의 성공은 그 사람이 얼마나 비인격적이 될 수 있느냐에 달려 있다고도 할 수 있습니다. 회사에서의 인재란 개인적인 문제가 있어도 그것에 영향을 받지 않고 회사의 업무를 차질 없이 수행해 내는 사람이라는 것이 우리가 흔히 알고 있는 상식입니다.

여기서 확인되는 변화가 무엇인지 생각해 봅시다. 예전에는 중요하게 여겨졌던 개인적 덕목들인 인격, 진실, 정직과 같은 것이 공적 세계에서는 차지할 자리가 별로 없습니다. 중요해진 것은 회사가 추구하는 효율성과 이윤 창출에 도움이 되는 능력입니다. 이것이 현대 사회의 특징인 현대성의 한 면이라고 할 수 있습니다.

우리는 이미 현대사회에 속해 있기 때문에 이런 일이 이상하게 생각되지 않습니다. 우리는 그렇게 구성된 사회에서 태어나 살아왔기 때문에 이와 같은 현대성을 자연스러운 것이라고 여깁니다. 그러나 이런 특징은 인류 사회에 언제나 있었던 것이 아닙니다.

다원주의

현대성이라고 묶일 수 있는 몇 가지 현대사회의 특징들을 살펴보겠습니다. 첫 번째로 들 수 있는 것이 다원주의입니다. 다원주의가 생겨난 것은 도시 자체의 심리적 환경 때문이었습니다. 도시에는 다양한 문화와 세계관을 가진 다양한 사람들이 모여 있습니다.

도시민들은 대부분 경제적 이해관계 때문에 도시에 들어왔습니다. 신념이나 취미 때문에 모인 것이 아닙니다. 그래서 서로 다른 문화나 신념이나 견해의 차이 등은 경제적 이해관계에 방해가 되지 않는 선에서만 표현될 수 있습니다. 이런 상황 속에서 서로에 대한 관용을 말하는 다원주의가 사회의 중요한 특징으로 등장한 것입니다.

다원주의는 도시에서 살아가는 거주민들로 하여금 각 개인의 신념을 축소하여 최소한의 공통분모만을 가지게 했습니다. 이를테면,

기업의 목적인 이윤을 내는 일에 쓸모 있는 기능 외에는 어떤 것도 공적 영역에서 꺼내 놓아서는 안 됩니다. 회사에서 '예수 믿읍시다!'와 같은 이야기를 할 수 없는 사회가 된 것입니다. 신앙 같은 것은 사적 영역에서만 이야기할 수 있는 것입니다. 공적 영역에서는 그런 이야기를 꺼내 놓을 수 없는 대신, 사적 영역에서는 각자가 무엇을 믿든 어떻게 생각하든 자유롭게 된 것입니다. 이것을 다원주의적 관용이라고 할 수 있습니다.

도시 생활에서는 서로 우호적인 관계가 필요합니다. 빽빽하게 모여 사는 다양한 사람들이 서로 다르다는 점 때문에 싸워서는 도시의 존립이 어려울 것이기 때문입니다. 도시에서는 개인적인 문제를 서로에게 강요하며 싸워서는 안 됩니다. 이를테면, 종교나 정치에 대한 견해가 그렇습니다. 그런 것들로 싸워서는 안 됩니다. 경제적 이익 때문에 모인 조직인 회사에서는 더 그렇습니다. 심각하지 않게 잡담으로야 이야기할 수 있지만, 종교나 정치 문제로 심각한 토론을 벌일 수 없습니다. 그런 것들이 공적 영역의 내용이나 주제가 되어서는 곤란하다는 것입니다.

절대적인 것들에 대한 관심은 사회적 에티켓 차원에서 전부 유보되어야 합니다. 정치적 견해를 강하게 주장하는 일도 정당 모임이 아닌 이상 사람들이 모인 곳에서 떠들 문제가 아니라고 여기는 것입니다. 그 전까지는 공적 삶의 영역에 속했던 것들이 도시에서는 사적 영역에 속한 것으로 모두 제거됨으로써 현대의 공적 세계에는 이 사회가 요구하는 효율성만 남게 되었습니다.

우리가 얼마나 현대성에 사로잡혀 있는지 봅시다. 생텍쥐페리 가 쓴 《어린 왕자》에 이런 이야기가 나옵니다. 친구가 사는 집 창문에 좋은 꽃을 놓아두고 왔다고 말하면, 어른들은 그 의미를 전혀 이해하지 못한다는 것입니다. 하지만 친구가 몇 억짜리 집에 산다고 하면 무슨 말인지 곧바로 알아듣는답니다. 우리의 존재가 서로에게 화폐로 환산되는 것입니다. 저 사람이 어떤 사람인지 물으면, 대답은 "그 사람은 벤츠를 타!" 하고 돌아옵니다. 그 말로 그 사람에 대한 중요한 정보를 확인했다고 생각하는 것이 현대인의 모습입니다. 우리가 얼마나 현대인으로서의 삶에 익숙한지를 아십니까?

돈을 최고로 생각하며 사는 사람이 아니라고 해도 우리는 그런 식으로 서로를 바라보는 사회에 살고 있습니다. 왜냐하면 그런 식으로밖에는 서로를 알아볼 수 없기 때문입니다. 현대화된 세계 속에 이미 우리의 사고방식이 굳어져 있고, 거기에 완전히 물들어 있는 것입니다.

현대의 공적 영역에서는 절대적인 이야기들을 꺼내 놓을 수 없는 대신, 각자 나름대로 따르고 있는 가치에 대해서는 서로 양해하기로 했다는 점을 앞서 언급했습니다. 그 때문에 절대적 가치에 대한 신념이나 신앙 같은 것들은 모두 사적 영역에서만 피력할 수 있게 되었습니다. 그 결과 절대적 가치에 대한 신념임에도 불구하고 그 신념이 개인적인 것이기에 그 신념의 대상인 절대적 가치조차도 절대적인 것이 아닌 것같이 여겨지는 효과가 생겨났습니다. 지금 우리가 사는 사회에서 가장 중요한 개인적 덕목이라고 해야 할 진실, 정직, 겸손 같은 것들마저도 공적인 영역에서는 나올 수 없는 것으로 절대적인 것이 아니라고 여기게 된 것입니다.

요즘 할리우드 영화를 보면 이런 식의 생각을 공공연하게 주장하는 것을 흔히 볼 수 있습니다. 예전에는 영화 속에 절대적인 기준이 있었습니다. 권선징악이나 사필귀정 같은 것들이 있었습니다. 그런데 이제는 없습니다. 전에는 악당이 결국 실패하게 되어 있었는데 어느 때부터인가 악당이 나쁜 짓하고 도망가도 잡히는 장면 없이 끝나는 것으로 바뀌었습니다. 이제는 악당이 나쁜 짓을 하고도 아무런 마음의 짐 없이 행복하게 사는 것으로 끝납니다.

대표적인 예로 〈경찰서를 털어라〉라는 영화가 있었습니다. 전문 털이범인 주인공이 한번은 큰 다이아몬드를 훔치다가 잡힙니다. 잡히기 직전 훔친 다이아몬드를 공사 중이던 건물 환기통에 붙여 놓습니다. 잠깐 옥살이를 한 뒤 다시 찾으러 갈 생각이었습니다. 그런데 감옥에서 나와 보니 그 건물이 경찰서로 바뀐 것입니다. 전문 털이범은 보석을 다시 찾기 위해 경찰 행세를 시작합니다. 그런데 하다 보니 진짜 경찰보다 더 잘하는 경찰이 됩니다. 자기가 도둑질을 하고 살았기 때문에 범인들의 생리를 너무도 잘 아는 것입니다. 그러다가 들켜서 멕시코로 도망갑니다. 경찰에 쫓기다가 이제 막 국경선을 벗어났는데 동료 경찰이 그를 잡아가지 않습니다. "너, 국경선 넘었잖아!" "아! 그렇구나!" 하고 해피 엔딩으로 끝납니다. 이와 같은 것이 현대성입니다. 죄나 정의라는 것이 모호해져 버렸습니다. 모두들 각자 나름의 기준에 따라 살아가는 상대주의의 시대가 된 것입니다.

공적 영역과 사적 영역의 구분에 대해 더 생각해 봅시다. 이 구분으로 인해 사람들은 시간과 공간의 연결 고리로부터 단절되기 시작합니다. 시간과 공간의 연결 고리란 전통과 권위가 존재했던 예전 삶의 환경을 가리킵니다. 그때는 '이 일은 이렇게 하는 법이야!'라든가 '옛말에 이르기를'과 같은 말이 통했습니다. 모두가 같은 질서 속에서 살던 시대였기 때문입니다. 개인은 기존 사회를 지탱하고 있던 질서에 자신을 맞추며 살아야 했습니다. 그 질서는 전통과 권위로부터 온 것이었습니다.

그러나 현대화 이후 전통적인 위계질서는 사라집니다. 서로 모르는 사람들이 한 가지 이유 때문에 모이게 됩니다. 이들이 모인 것은 이익을 내기 위해서입니다. 여기서는 개인의 독특한 가치관이나 신념이 중요하지 않습니다. 이는 각 사람에게 일종의 해방감을 가져다주기도 했을 것입니다. 하지만 자신이 가진 신념이나 신앙을 다른 사람들과 나눌 수 없게 됩니다. 내게 중요한 것이라고 해서 다른 사람에게도 중요한 것이라고 말할 이유가 없게 된 것입니다.

이제 개인은 자신의 신념이나 신앙에 대해 이렇게 묻게 됩니다. 내가 믿는 것이 맞는 것일까? 내가 믿는 분은 천지 만물을 지으셨고 지금도 섭리하시고 모든 만물을 심판하시는 하나님이신데 어떻게 하나님과 그분에 대한 내 신앙이 공적으로는 확인될 수 없단 말인가? 이것이 현대사회를 사는 우리에게 떠오르는 의문이 됩니다.

이렇게 된 것은 현대성으로 인해 신앙의 대상마저도 공적 영역에서는 논할 수 없는 주관적이고 상대적인 것으로 취급되기 때문입니다. '하나님이 세상을 지으셨다!'라는 말조차도 공적 영역에서는 말할 수 없는 것으로 여겨집니다. 신앙의 내용을 검증하는 일이 원천적으로 봉쇄되고 있는 것입니다. 왜냐하면 신앙이나 신앙의 대상도 개인의 취향에 따른 문제라고 치부되기 때문입니다.

이와 같은 현대사회의 특징을 알지 못하면 우리는 다른 식으로 문제를 풀어 가게 됩니다. "나는 이 세상을 만드신 하나님을 믿고 있다. 이것은 사실이다"라고 말해도 이 말을 듣는 사람들은 '저 말을 왜 여기에서 하는 것일까?' 하고 갸우뚱해합니다. 그러면 우리는 이렇게 생각합니다. '아직 사람들이 하나님이 계시다는 것을 못 봐서 그렇구나. 하나님이 이들이 인정할 수밖에 없는 놀라운 일을 행하시면 좋겠다.' 그래서 우리는 하나님에게 일상적이지 않은 더 큰 요구를 하게 됩니다. 하나님이 초월적으로 자연을 깨고 들어오셔서 하나님의 하나님 되심과 우리가 하나님의 백성이라는 사실을 드러내 주십사 구하는 것입니다. 엘리야에게서 나타난 것과 같은 일들이 지금도 일어나야 한다고 생각합니다.

그러나 그럴수록 신자와 불신자의 거리는 더 멀어지게 됩니다. 현대화된 사회의 특징을 이해하지 못한 채, 그 사회가 못 알아듣는 방식으로 자꾸 더 크게 말하기 때문입니다. 오직 초월로 자연을 깨기를 바라는 극단적인 요청을 하게 될 때, 현대사회에서 신자는 이상한 사람으로 취급받게 될 뿐입니다.

앞서 보았듯이 현대사회에서는 전통적인 가치가 힘을 쓰지 못합니다. 그렇다고 현대인들이 아무런 가치 없이 살아가는 것은 아닙니다. 그렇다면 이들의 가치관은 어떻게 형성되는 것입니까? 여기서 학교와 매스 미디어가 현대사회에서 갖는 역할이 확인됩니다. 그동안 물려받아 온 가치들을 모두 버린 현대인들의 의식에 정치와 경제의 영향이 깊이 침투해 있는 학교와 매스 미디어가 새로운 가치 체계를 가지고 침투해 옵니다.

정치, 경제, 교육, 문화, 매스 미디어가 우리의 생각을 조정합니다. 이런 것들이 제시하는 가치는 절대 기준에 따른 것일 수 없습니다. 이제는 아무도 그런 것을 믿지 않기 때문입니다. 그 결과 이들이 제시하는 가치란 다수의 의견에 따라 정해진 것들이 됩니다. 사회에서 질서를 유지하기 위해서는 다수의 견해에 따라야 하기 때문입니다. 다수의 견해는 때와 장소에 따라 이리저리 바뀌는 것으로, 현대사회에서 사람들은 변화하는 가치를 따라 살아가게 됩니다. 이런 이유로 현대인들이 유행에 민감한 것입니다. 이제 유행을 만들어 낼 수 있는 것들이 기준으로서 권위를 행사하고 질서를 형성해 갑니다.

학교 역시 마찬가지 특징을 가집니다. 우리는 학교에서 배우는 것들이 객관적인 지식이며 절대적인 기준이라고 생각합니다. 하지만 이제까지 살펴본 대로 학교는 인본주의와 합리주의에 근거한 지식을 전달할 뿐입니다. 현대사회의 특징인 다원주의 같은 것들을 이 시대의 가장 중요한 덕목으로 가르치고 있는 것입니다. 교육 내용은 다수의 견해를 반영하여 이렇게 저렇게 바뀌며 유행을 따라가고 있습니다. 그뿐 아니라 인본주의적 가치에 따라 시행되는 교육은 하나님을 배제한 채 세상과 인생을 바라보는 관점만을 갖게 합니다.

현대사회에서 전달되는 가치들은 비인격적이며 익명적인 특징을 갖습니다. 따라서 사람을 한 인격으로 여기며 그가 생각하고 행동하는 바에 대해 관심을 두는 일이 별로 없습니다. 그뿐 아니라 그 내용조차도 유행과 같은 풍조로만 존재합니다.

우리는 사람들을 만나 개인의 인격이 결부되는 대화를 하기가 어렵습니다. 이런 대화는 현대사회에서 필요하다고 여겨지지도 않으며, 만들어 낼 수도 없는 것이 되었습니다. 잠시 동안 살다가 죽을 짧은 인생 속에서 누가 더 많이 가지고 자기 마음대로 해 볼 수 있는가 말고는 아무것도 덧붙일 것이 없게 된 것입니다.

현대인들이 모여서 하는 대화는 스포츠, 영화, 드라마 이야기뿐입니다. 그리고 그것들로부터 인생에 대해 배웁니다. 영화와 드라마가 우리에게 어떻게 살 것인지를 가르쳐 주고 있는 셈입니다. 우리는 이렇게 휘둘리고 있습니다. 인류가 절대적인 기준을 버리고 인간으로서의 가치를 제거하고 난 후 남은 것은 이런 것들입니다.

세속성

인류가 하나님을 외면한 뒤, 죄성(罪性)이 사람들을 속이고 흔들고 있는 이 시대의 모든 특징을 망라해서 말한다면 세속성이라고 할 수 있습니다. 현대성을 세속성이라고 바꿔 부를 수 있습니다. 왜냐하면 거기에는 '절대'에 관한 것이 들어 있지 않기 때문입니다.

절대에 관한 것이 없다는 것은 일회성, 상대성 같은 것만 있음을 뜻합니다. 거기에는 진리, 생명, 아름다움, 참된 감동과 관련된 것이 없습니다. 그런 것을 이야기하려면 하나님과 신앙에 관해서 이야기할 수밖에 없습니다. 절대성을 전제해야 합니다. 하지만 현대사회에서 그것은 원천적으로 봉쇄되어 있습니다.

회사에서 신우회를 만들 수는 있습니다. 하지만 회사를 교회로 만들 수는 없습니다. 회사는 현대화의 산물이며 현대성을 담고 있기 때문입니다. 사람들도 모두 현대인이라고 불리는 사람들입니다. 현대인이란 전통과 권위와는 거리가 먼 사람들을 말합니다. 권위와 절대를 부정하는 시대를 사는 사람들입니다.

근대 이전인 중세 사회의 실패를 꼽으라면, 신앙으로 사람들을 억압하고 강요했던 점일 것입니다. 신앙을 강요하는 일은 하나님이 원하는 것이 아님을 역사의 교훈을 통해 배울 수 있습니다. 하나님은 강요하고 억압하여 신자를 만들지 않습니다. 그러면 다 제 맘대로 살라는 것입니까? 그렇지는 않습니다.

자유와 풍요 속에서 우리는 세상이 우리에게 가져다 놓은 시험과 유혹거리들보다 신앙이 어떻게 비교할 수 없이 더 크고 중요한지를 답해야 합니다. 중세가 그것을 힘으로 증명하려고 했다면, 우리는 현대의 다양성과 풍요라는 세상의 유혹과 시험 앞에서 복음의 절대 우위를 설명해 내야 합니다. 이것이 바로 신앙입니다. 이에 대한 해답은 기독교 신앙 안에 풍성하게 있습니다.

하지만 우리는 자꾸 다른 방향을 향해 가려고 합니다. 원색적인 초월로 우위를 드러내려고 합니다. 그렇게 해서 얻을 수 있는 부분도 있습니다. 진심과 열정을 가지고 이룰 수 있는 업적이 있습니다. 그러나 인간은 그것만으로 항복하는 존재가 아닙니다. 상점에 가서 물건을 사기 위해서는 여러 가지 것들이 충족되어야 합니다. 먼저 물건이 마음에 들어야 합니다. 그다음에는 값이 맞아야 합니다. 또 파는 사람이 열심을 내야 합니다. '사려면 사고 싫으면 말아라' 하는 식으로 장사를 하면 곤란합니다. 그런데 물건을 팔려는 진심과 열의만으로 물건을 팔 수 있는 것은 아닙니다. 길을 가다가 식당 앞에서 "들어오세요, 들어오세요" 하고 열심히 잡아끌면 한 번은 그 음식점에 갈 수 있습니다. 그런데 다음에 그 음식점에서 또 잡아끈다고 다시 가겠습니까? 그다음부터는 맛이 있어야 가게 될 것입니다. 맛도 있고 친절하기도 하면 더 좋을 것입니다. 하지만 맛은 없는데 친절하다고만 해서 다시 가게 되지는 않을 것입니다.

중세 시대에는 사람들을 잡아다 교회에 넣으려고 했습니다. 지금 우리가 하고 있는 일도 그때와 비슷하지 않습니까? 강제로 하는 것은 아니라고 해도, 진심과 열심이 있으니 할 일을 다했다고 생각한다면 중세 때와 다르지 않게 행동하는 셈입니다.

세속성은 더 이상 어떤 초월적인 질서에도 뿌리내리고 있지 않은 전망과 가치를 추구하는 것이라고 했습니다. 절대적인 혹은 초월적인 질서와 근거를 갖지 않는 가치관, 가치 체계, 전망, 이런 것들이 이 시대의 정신입니다. 우리는 이와 같은 세속성으로 가득한 시대를 살고 있습니다. 우리는 세속주의가 종교에 미친 영향을 분명히 알아야 합니다. 세속주의는 개인의 삶에서 신성(神聖)의 영역을 빼앗아 갔습니다. 모두가 자신의 신념을 영원한 것으로 갖지 못하고 그저 개인의 취향과 선택 같은 것으로 격하하게 되었습니다.

신앙인인 우리마저도 신앙을 호주머니 속에 넣고 다니거나 혹은 금고 속에 넣고 잠근 채 다니는 사람들이 되었습니다. 우리는 현대화된 세상 속에서 신자라는 사실을 발휘할 수 있는 환경을 찾지 못합니다. 이것은 개인의 신앙 수준 때문이 아니라 사회의 구조에서 비롯된 것입니다. 현대사회라는 독특한 생활 환경은 신자라는 정체성을 가지고 살아갈 여지를 원천적으로 봉쇄하고 있는 셈입니다.

현대사회에서는 기업도 기독교라는 이름을 걸고 기독교적으로 운영되기 어렵습니다. 기업이라는 공적 영역 자체가 기독교 신앙이라는 가치를 들어오게 하지 않기 때문입니다. 이윤을 위해 모인 조직이라는 정체성 때문입니다. 기업의 구성원들은 공적 영역에서는 현대인으로 살아갑니다. 그들은 사적 영역에서만 신자일 수 있는 것입니다.

회사의 대표가 기독교 신앙을 가지고 있을 수 있습니다. 그러나 그 회사에 속한 모든 이들을 기독교 신앙이라는 이름으로 대할 수는 없습니다. 이윤을 위해 존재한다는 기업의 생리 때문입니다. 이윤을 정직하고 바른 방법으로 내는 것은 가능하며 또 그래야 할 것입니다. 그렇다고 해도 기업이 기독교적인 방식으로 움직이는 것은 아니라는 점을 기억해야 합니다. 기업이 신앙을 정체성의 핵심으로 한다고 해서 교회가 될 수 있는 것은 아니기 때문입니다.

세속주의가 기독교에 끼친 가장 큰 해악은 무엇입니까? 세속주의는 원래 공적 영역에 있던 신성의 내용을 모두 사적 영역에 배치했다고 했습니다. 신앙은 개인의 문제로만 치부되어 신자들은 자신의 신앙을 사적 영역에 감금한 채 감추고 개인적으로만 소유하게 되었습니다. 하지만 이보다 더 중요한 문제는 다른 데서 찾을 수 있습니다. 그것은 세속주의가 기독교 신앙 자체를 세속화했다는 것입니다.

우리는 세속주의가 신앙 자체를 거부한다는 점에 대해서는 경각심을 갖습니다. 하지만 신앙 안에도 세속주의가 들어왔다는 점에 대해서는 잊어버리곤 합니다. 신앙마저 세속화될 때, 신앙의 목표는 더 이상 하나님의 거룩하심과 그분의 거룩한 명령과 관련 없게 됩니다. 신앙을 갖고서 그저 세상이 추구하는 세속적인 목표를 이루려고 시도하게 됩니다. 복(福)이라는 말만 보아도 성경에서의 정의와 세속주의 사회에서의 정의는 다릅니다. 세속주의 사회의 정의에 따르면 복은 물질입니다.

> 너는 이것을 알라 말세에 고통하는 때가 이르러 사람들이 자기를 사랑하며 돈을 사랑하며 자랑하며 교만하며 비방하며 부모를 거역하며 감사하지 아니하며 거룩하지 아니하며 (딤후 3:1-2)

말세의 특징은 무엇입니까? 더 이상 권위와 전통에 의한 질서가 남아 있지 않으며 사람들이 자신을 사랑하고 돈을 사랑합니다. 사람들이 모두 개인 이기주의에 빠질 것이며 돈으로 할 수 있는 것에만 삶의 목적을 둘 것이라는 경고의 말씀입니다.

이 시대에 하지 않는 것은 무엇입니까? 경건의 모양은 있지만 경건의 능력은 인정하지 않습니다. 경건의 모양이란 무엇입니까? 신앙은 있는데 그 신앙에 있어야 할 진정한 능력인 영원성, 만족, 감동, 인격의 변화 같은 것들은 없는 것입니다.

오늘날 한국 교회가 자랑하는 신앙의 증거들인 신앙상의 승리에 대한 증언들은 세상이 추구하는 바와 다름이 없습니다. 예수를 믿었더니 병이 나았다! 예수를 믿었더니 부자가 되었다! 하는 일들은 하나님이 한 영혼을 항복시키는 방법으로 쓸 수도 있는 것들입니다. 병이 낫고 부자가 되고 하는 일들은 하나님의 하나님 되심에 항복하는 한 가지 방편이 될 수도 있습니다. 그러나 그 자체가 신앙의 목적은 아닙니다. 이런 일은 개인의 간증에서만 발견되는 것이 아닙니다. 우리는 '기도해서 축구를 이겼다!'라는 식의 말도 많이 듣습니다. 이런 단계를 넘어서야 합니다. 축구를 이기게 하려고 하나님이 우리를 예수 믿게 하신 것이 아닙니다. 우리를 향한 하나님의 뜻은 인생 전체를 담아낼 수 있는 더 높고 더 넓은 것입니다.

우리의 신앙은 어떻습니까? 우리의 신앙의 힘은 어디에 있습니까? 신앙이 있기 위해서는 먼저 하나님의 하나님 되심이 있어야 하고, 하나님이 우리에게 나타나 당신의 뜻을 알리셔야 합니다. 우리는 하나님이 보이신 뜻을 약속으로 믿고 있습니다. 우리가 가진 약속들, 곧 우리의 믿음은 세상이 약속하는 것보다 훨씬 크며 그것과 비교할 수 없는 것입니다.

우리가 믿음을 지켜야 하는 이유가 여기에 있습니다. 우리는 믿음을 지키는 자로서 믿지 않는 이들과는 다른 방식으로 삶의 환경과 조건과 정황들을 바라보며 대처해야 합니다. 우리는 신앙인으로서, 하나님의 통치를 받은 이로서 세상을 사는 법에서 차이를 보여야 합니다. 이것이 우리가 신앙 현실에서 짊어질 몫입니다. 우리의 생애 전체가 하나님의 하나님 되심이 드러나는 기적의 현장이어야 합니다.

그리스도인은 인생의 매 순간마다 하나님의 하나님 되심을 드러내기 위해 쓰임받는 존재라는 이해가 필요합니다. 그래야 우리의 순종이 얼마나 큰 값을 하는 것인지 깨닫게 될 것입니다. 그런 신자로 살아가야 합니다. 믿음의 선배들이 목숨 걸고 지켰던 신앙을 물려받고 그들이 집과 재산을 팔아 세운 교회 속에서 신앙생활을 하고 있는 우리는 삶의 모든 정황을 담아내며 창조주와 승리자와 심판자가 되시고 구원자가 되시는 하나님의 하나님 되심을 드러내는 사람들이 되어야만 할 것입니다. 이 일을 통해 하나님이 그 뜻을 이루시며 영광 받으실 줄 믿습니다.

현대의 세속성과
우리의 대응

04

16 하나님이 세상을 이처럼 사랑하사 독생자를 주셨으니 이는 그를 믿는 자마다 멸망하지 않고 영생을 얻게 하려 하심이라 (요 3:16)

현대사회의 공허함

우리는 앞 장에서 현대화와 현대성에 대해 살펴보았습니다. 특히 현대사회의 특징인 다원주의와 세속성에 대해 생각해 보았습니다. 다원주의란 유일하며 절대적인 기준이나 질서 같은 것은 없다고 여기는 사고방식입니다. 이를 따르는 현대사회의 전망과 가치는 어떤 초월적인 질서에도 뿌리를 내리지 않게 됩니다. 세계를 일관되게 이해하거나 설명할 수 있는 기준이나 근거를 잃어버리게 되어 사회는 파편화됩니다.

중세 교회가 기독교 신앙으로 사람들을 억압하며 강요했다고 생각하기 때문에 현대사회는 특히 기독교에 대해 적대적입니다. 중세에 대한 반발로 현대의 다원화된 세계는 어떠한 가치관이나 종교든 타인에게 직접적인 피해를 끼치지 않는 한 인정해 줍니다. 이런 관용에는 기독교 신앙의 유일성(唯一性)에 대한 거부가 자리 잡고 있는 것입니다. 기독교가 아닌 종교에 관심과 호의를 나타냅니다. 이런 현상은 서구 문명이 계몽주의 이후 겪어 온 실패와 좌절로 인해 더욱 두드러지게 되었습니다.

현대사회는 절대와 초월을 거부하는 시대여서 문화는 더 이상 든든한 토대가 될 절대적 기준을 가지지 못합니다. 현대사회는 정치, 경제, 사회, 교육과 같은 분야로 나뉘고, 각 부분마다 각각의 가치에 따라 작동해 갑니다. 하지만 이 부분들을 통합할 가치를 가지지 못합니다. 이전까지 인생과 사회를 이끌어 주던 가치는 모두 주관적이며 개인적인 것으로 치부되어 버렸습니다. 이제는 각 부분마다 그 영역에서 활발한 활동을 일으키는 것이 최고의 가치가 되었습니다. 특히 경제 부분의 가치는 현대인의 삶을 주도하는 가치로 여겨지게 됩니다.

이를테면, 현대사회에서 제일 나쁜 사람은 무능한 사람입니다. 영악하더라도 능력만 있으면 용납이 됩니다. 하지만 정직하고 진실하더라도 무능하다면 현대사회에서는 쓸모없는 존재일 뿐 아니라 있어서는 안 되는 구성원으로 취급받습니다. 능력 있게 일해서 이윤을 벌어들이는 데 없어서는 안 되는 사람이 회사에서 가장 가치 있는 존재이듯, 현대사회의 인재는 능력으로 설명되는 것입니다.

하지만 한편으로 현대사회에서는 공허함도 느낍니다. 능력과 활동 외에 모든 가치를 제거해 버렸기에 정신적 가난함을 겪게 됩니다. 그 비어 있는 부분을 메워 주는 것이 스포츠와 영화와 드라마라고 할 수 있습니다. 현대인들은 만나서 할 이야기가 이것밖에 없습니다. 우리가 공적 영역에서 만나 최소한의 예의와 교양을 나타낼 수 있는 것은 이런 이야기뿐입니다. 그 이상의 이야기를 하면 다원화된 사회의 틀을 깨는 것이 됩니다. 하루의 대부분을 보내는 곳이 직장이면서도 직장에서 나누는 이야기는 이런 정도의 것을 넘어서지 않습니다. 다원주의가 작동하기 때문입니다.

이렇게 다원화된 사회에서 기독교는 잘 적응하지 못하고 있습니다. 기독교의 복음 전도는 그저 우리만이 옳다, 내 말을 믿으라, 당신은 죄인이다, 예수 믿고 나랑 천국 가자는 말만 반복할 뿐입니다. 이것은 다원주의 사회의 기본적인 틀을 깨는 것입니다. 그러니 이런 식으로 복음이 전달될 때마다 현대인들은 반발하게 됩니다. 사회를 살아가는 규칙을 위반했다고 느끼는 것입니다. 결국 우리 사회에는 강한 반(反)기독교적 정서가 팽배해졌습니다.

기독교에 심한 거부감을 느끼는 사람들을 보면서 그들을 사탄의 자식인 것처럼 여겨서는 곤란합니다. 그 사람들은 기독교의 복음 전도를 대할 때, 이 시대의 상식과 예의에 어긋나는 일이라고 느낍니다. 현대사회는 그런 것은 서로 이야기하지 말아야 하는 사회이기 때문입니다. 그리스도인이란 사람들은 분별없고 건방지게 독선적인 이야기를 하니 못 견디겠다고 사람들은 생각합니다. 그래서 우리가 이 시대를 살면서 그리스도인인 것을 증거하며 복음을 전하는 일을 어떻게 해 나가야 할 것인지가 깊이 생각해 봐야 하는 주제가 되었습니다.

현대사회에서 문화의 핵심은 활동과 여흥이라고 할 수 있습니다. 문화란 원래 인간의 정신적이고 지성적인 활동을 가리켜 왔습니다. 그런데 현대는 정신도 사상도 없는 시대라고 할 수 있습니다. 실용성과 유용성 외에는 따지지 않는 사회이기 때문에 현대사회가 만들어 내는 문화는 활동과 여흥 같은 엔터테인먼트 외에는 아무것도 아닙니다.

이를테면, 할리우드 영화들은 대부분 간단한 스토리를 가지고 있습니다. 〈킹콩〉이라는 영화가 새로 제작된 적이 있습니다. 사람들이 우연히 찾아들어 간 섬에서 만난 거대한 킹콩이 도시로 와서 난리를 피우다가 결국 죽는 이야기입니다. 이 간단한 스토리를 따라가며 영화가 우리에게 보여 주는 것은 무엇입니까? 등장인물이 닥친 사건 속에서 고민하고 갈등하고 결정하는 인간의 복잡한 내면에 대한 고민은 거의 들어 있지 않습니다. 대신 시간을 전부 볼거리로 채웁니다. 그러니 영화를 보고 나도 스토리가 생각나지 않습니다. 지금 우리 시대가 그렇게 되었습니다. 영화뿐만 아니라 실제 삶이 그렇습니다. 여행을 다녀와도 서로 이야기하는 것은 어디를 가서 잘 놀고 왔다는 자랑으로 끝입니다. 그 여행으로 어떤 정신적인 도움을 받았고, 평소에 해 보지 못한 깊은 생각을 하게 되었고, 그렇게 자신을 돌아보게 되었다는 이야기를 듣기 어렵습니다. 이것이 우리가 살고 있는 사회의 모습입니다.

현대사회의 이런 특징이 낳은 결과는 상실감과 소외감입니다. 상실감과 소외감은 인간이 인간으로서 대접을 받지 못하고 기능과 능력으로만 요구받고 대접받기 때문에 생겨납니다. 인간으로서의 존엄성을 상실했다는 느낌을 받는 것입니다.

결국 현대인은 사회 구조 속에 하나의 부속품으로 들어 있습니다. 이 현상을 익명성이라는 말로 다르게 표현해 볼 수 있습니다. 현대인은 한 명의 인간으로 존재하지 못하고 어느 회사, 어느 학교, 어느 교회의 일원으로만 인식됩니다. "그 집 아들은 대기업에 다닌다더라" 하는 식으로 소개됩니다. 그가 인간으로서 어떤 사람인지에 대해서는 알지 못하고 알려고도 하지 않습니다. 하지만 자신의 존재와 인생에 대해 이런 식으로 설명되고 마는 것에 우리는 마음속 깊이 불만과 회의를 갖게 됩니다.

기독교가 현대인들에게 묻는 질문은 바로 이런 관점에서 제기되는 것입니다. '인간이 그것밖에 되지 않는다는 말인가?' 이에 대한 기독교의 해답은 '그렇지 않다!'입니다. 인간 존재와 인생에 대해 기독교는 존엄, 가치, 행복과 같은 관점에서 답해야 한다고 봅니다.

구원의 의미

지금까지 현대사회의 특징을 살펴본 것은 그에 대해 맞다, 틀리다, 판단을 하려는 데 목적이 있었던 것이 아닙니다. 우리가 여기에서 생각해 보려는 것은 이렇게 사는 것이 인간의 가치에 어울리는가 하는 물음입니다.

우리에게는 성실히 살아야 할 책임이 있습니다. 하지만 성실히 책임을 다해 살자는 말만으로 그리스도인으로서 현대사회를 살아가는 문제에 답이 되는 것은 아닙니다. 우리 역시 현대사회에서 삶을 영위하는 존재들이기 때문입니다. 현대사회 속에서 우리가 맞닥뜨리게 되는 질문은 '어떻게 이 사회 속에서 기독교 신앙이 약속하는 참다운 인간상을 증거할 것인가?'입니다. 현대사회 자체를 부정하고 기도원으로 들어가는 것과 같은 은둔이 신앙을 지키기 위한 해결책이 될 수는 없습니다. 그런 식으로 무조건 거부하는 것이 대안은 아닙니다.

현대인의 삶을 소설의 제목을 빌려 표현한다면 '참을 수 없는 존재의 가벼움'이라고 할 수 있습니다. 물질적으로 어느 시대보다 풍요로움을 만끽하면서도 누구나 공허감을 느끼는 시대가 바로 현대입니다. 한 인간으로서 대접받지 못한 채, 하나의 부품처럼 언제든지 갈아 끼울 수 있는 도구로 취급되는 데서 오는 현대인들의 가난함과 불만과 슬픔을 우리는 도처에서 확인할 수 있습니다. 현대인이 가지는 상실감과 소외감에 대해, 참을 수 없는 존재의 가벼움에 대해 기독교가 제시하는 해답은 무엇인가, 그리고 그 해답은 나라는 존재의 인생 속에서 실현 가능한 것인가의 문제가 우리 앞에 놓여 있습니다.

요한복음 3장 16절에서 보듯이, 성경에서 하나님이 인간을 구원하시는 일에 대해 말할 때 가장 많이 강조하는 것은 하나님의 사랑입니다. 하나님은 인간을 사랑하심으로 구원하셨다고 합니다. 그리고 그 구원은 영생에까지 이어진다는 것입니다. 영생에 관한 내용을 더 깊이 살펴보면 분명해지지만, 사랑은 기능적으로 설명할 수 없는 것입니다. 성경이 사랑을 앞세워서 기독교 신앙을 설명하는 것은 참으로 특별한 것입니다. 사랑에는 조건을 붙일 수가 없습니다.

나이 드신 분들이 손주에게 대하는 걸 보면 사랑이 어떤 것인지 알게 됩니다. 손주만큼 예쁜 건 세상에 없습니다. 어디가 예쁘냐고 묻는 것은 바보 같은 질문입니다. 그 사랑은 손자가 예쁘게 생겼거나 예쁜 짓을 해서 생기는 것이 아니기 때문입니다. 어느 나이 드신 목사님 두 분이 같은 차를 타고 가다가 서로 손주 자랑을 하게 됐습니다. 손주 자랑을 하다가 한 분이 어디로 전화를 겁니다. "들어 봐!" 하고는 전화기를 갖다 댑니다. 그런데 아무 소리도 안 들립니다. "아무 소리도 안 나는데?" 그러니까 전화한 분이 이렇게 대답합니다. "숨소리 안 들려?" 사랑은 이런 것입니다. 하나님이 우리를 그렇게 사랑하신다는 데에 기독교 신앙의 위대함이 있습니다.

기독교 신앙을 고백하는 성도들은 하나님의 이와 같은 사랑을 확인하지 않고는 신앙을 고백할 수 없습니다. 우리는 하나님의 이러한 사랑으로 인해 지금까지 살아온 것이고 여기에 모여 있는 것입니다. 이 고백을 마음에 품고 세상의 괄시와 바보 취급을 감수하는 사람들이 신자들입니다.

하나님이 우리를 사랑해서 영생을 주시는 구원을 우리에게 베푸셨습니다. 요한복음 17장에 가면 영생은 이렇게 설명됩니다.

> 영생은 곧 유일하신 참 하나님과 그가 보내신 자 예수 그리스도를 아는 것이니이다 (요 17:3)

우리는 흔히 영생이란 말을 동화책 맨 끝에 나오는 것처럼 왕자와 공주가 결혼해서 오래오래 행복하게 살았다는 식으로 생각하곤 합니다. 그러나 성경이 설명하는 영생은 하나님 아버지와 예수 그리스도를 아는 것입니다. 여기서 '안다'는 것은 지식적인 이해에 머무는 것이 아닙니다. 예를 들어 부부 사이의 특별한 관계에서 발견되는 것과 같은 일체로서의 '앎'입니다. 부부란 아무리 자신이 옳아서 성질을 부렸어도 상대방이 가슴 아파하면 자기도 가슴이 아프게 되는 관계입니다. 상대방이 불편하면 자기가 불편합니다. 내가 불편한 게 낫다는 생각이 드는 게 부부입니다.

성부 하나님이 성자 하나님을 우리에게 보내어 영생을 주셨다는 것은 삼위 하나님의 연합같이 우리를 하나님과의 연합으로 부르신 것을 의미합니다. 이것이 성경에 있는 구원에 대한 설명입니다.

> 곧 내가 그들 안에 있고 아버지께서 내 안에 계시어 그들로 온전함을 이루어 하나가 되게 하려 함은 아버지께서 나를 보내신 것과 또 나를 사랑하심 같이 그들도 사랑하신 것을 세상으로 알게 하려 함이로소이다 (요 17:23)

성부 하나님이 성자 하나님을 보내어 구원 얻을 우리를 하나가 되게 한다는 말씀 속에는, 성부 하나님과 성자 하나님의 하나 되심의 관계 속으로 우리를 불러 하나 되게 한다는 뜻이 들어 있습니다. 이 일은 성자 하나님을 사랑하신 그 사랑으로 성부 하나님이 우리도 사랑하심을 증거하는 것입니다.

하나님이 우리에게 베푸시는 구원은 우리가 성부 하나님에게 성자 하나님만큼이나 귀하다는 것과, 성자 하나님과 성부 하나님의 연합 못지않은 각별한 연합으로 우리를 부르셨다는 것을 의미합니다. 이 내용을 조금 더 이해하기 위해서 요한복음 17장 21절을 봅시다.

> 아버지여, 아버지께서 내 안에, 내가 아버지 안에 있는 것 같이 그들도 다 하나가 되어 우리 안에 있게 하사 세상으로 아버지께서 나를 보내신 것을 믿게 하옵소서 내게 주신 영광을 내가 그들에게 주었사오니 이는 우리가 하나가 된 것 같이 그들도 하나가 되게 하려 함이니이

다 (요 17:21-22)

성경은 우리가 공동체를 위해 창조되었다고 말합니다. 이는 자연 상태에 대한 바른 설명인 것처럼 학교 교과서에서도 자주 인용되는 '만인의 만인에 대한 투쟁'이란 말과는 전혀 다른 가르침을 주고 있습니다. 성경은 우리가 자율적인 개별 존재가 아니라고 말합니다.

'자연 상태'라는 말은 다원주의와 긴밀한 관련을 갖습니다. 다윈주의에는 적자만이 생존하는 자연 선택에 따라 세상이 움직여 간다는 생각이 들어 있습니다. 더 잘 적응한 자, 곧 치열한 경쟁에서 이긴 자만이 생명을 이어갈 수 있으며 인정받을 수 있다는 것입니다. 하지만 성경에서는 인간이 경쟁에서 개인인 자신만을 지키기 위해 만들어진 존재가 아니라고 말합니다. 도리어 우리는 여럿 속에 태어난 존재이며 여럿과의 관계를 위하여 만들어진 존재라는 것입니다.

인간은 삼위일체 하나님의 형상을 따라 지어졌기에 상호적인 사랑과 교제를 그 본질로 가지고 있습니다. 이런 차원에서 인간은 사회적 존재라고 말할 수 있습니다. 그리고 이 사회성은 기능적이라기보다는 본질적인 것이기에 인간은 본질적으로 이웃 앞에 서 있는 존재입니다. 이웃 앞에 서 있는 존재라는 말에는 이웃과 함께하는 존재, 이웃을 위해 기능하는 존재라는 뜻이 담겨 있습니다. 자신을 위하여 이웃을 넘어뜨리는 존재일 수 없습니다. 이렇게 이웃 앞에 서 있는 존재다워지는 것이 기독교가 말하는 구원이기도 합니다.

기독교 신앙에서 하나님과 나의 관계를 수직적으로 확인할 때마다 이 관계가 곧바로 수평적으로 이웃 앞에서 확인되고 있는가 하는 문제로 연결됩니다. 성경에서는 우리가 하나님과 하나가 되면 당연히 이웃과도 하나가 돼야 한다고 가르칩니다.

> 우리는 형제를 사랑함으로 사망에서 옮겨 생명으로 들어간 줄을 알거니와 사랑하지 아니하는 자는 사망에 머물러 있느니라 그 형제를 미워하는 자마다 살인하는 자니 살인하는 자마다 영생이 그 속에 거하지 아니하는 것을 너희가 아는 바라 (요일 3:14-15)

영생이 없다는 것은 하나님과 관계가 없다는 말입니다. 하나님과의 관계가 정상화되면 무엇부터 하지 않게 됩니까? 이웃을 미워하지 않게 됩니다. 구원을 얻었다거나 얻지 못한 것을 나누는 기준은 무엇입니까? 죄입니다. 죄로부터 구원을 얻는 것이 영인데, 영생을 얻으면 하나님을 사랑하듯이 이웃을 사랑하게 됩니다.

이웃을 사랑하지 않을 때 인간은 하나님과의 관계가 회복되지 않아 이웃 앞에 자연인으로 서게 됩니다. 다시 말해 죄인으로 서는 것입니다. 그때 인간은 자신의 이익을 위해 옆에 있는 사람, 곧 이웃과 무한 경쟁을 하게 됩니다. 복음은 바로 이 상태, 곧 하나님으로부터 소외되고 그 결과로 동료 인간으로부터 소외된 상태를 문제 삼습니다. 바로 죄가 의미하는 것입니다. 그러나 구원은 우리로 하여금 하나님과 화목하게 하고 이웃과 화목하게 합니다.

여기서 짚고 넘어갈 문제가 있습니다. 이웃을 사랑한다고 해서 무조건 사랑하자고 이야기하는 것은 해결책이 아니라는 것입니다. 같이 예수를 믿는다면 생전 처음 보는 사람도 끌어안고 사랑해야 한다고 생각합니다. 그러나 이런 것은 성경에서 말하는 사랑이 아닙니다. 사랑한다고 말하려면 시간을 두고 상대방과 자신의 개인사와 신앙고백에 얽힌 이야기를 알아 가야 합니다. 그러고 나서 "참 훌륭하시군요. 존경스럽습니다. 호감이 갑니다" 하는 단계를 거쳐 "사랑합니다"라는 고백까지 할 수 있게 되는 것입니다. 그런데 우리는 무조건 '나는 예수를 믿습니다. 사랑합니다' 하고 말하면 된다고 생각합니다. 이는 단계와 과정을 무시한 채 초월로 가서 한꺼번에 뒤엎으려는 인간의 본성적인 종교성을 드러낼 뿐입니다.

죄는 소외나 상실 같은 인간의 독특한 상태를 가리킵니다. 로마서는 인간 상태의 특징으로 하나님으로부터의 분리와 그로 인해 상실한 마음을 이야기합니다. 하나님이 인간을 상실한 마음으로 내버려두셨다고 합니다. 여기서 예수를 믿는 것이 아주 중대한 문제가 됩니다.

기독교 신앙에서 예수 그리스도가 등장하는 이유는 구원 때문이며 구원이 필요한 것은 죄 때문입니다. 죄는 인간다운가, 그렇지 않은가를 가르는 경계선이기 때문에 그대로 둘 수 없습니다. 인간이 어두움에 있어 진리를 알지 못한다든가, 불법을 행하여 이웃을 미워한다든가 하는 일은 모두 소외와 상실에서 비롯된 증상입니다. 이 모든 것이 죄 때문에 생겨납니다.

그러므로 내가 이것을 말하며 주 안에서 증언하노니 이제부터 너희는 이방인이 그 마음의 허망한 것으로 행함 같이 행하지 말라 그들의 총명이 어두워지고 그들 가운데 있는 무지함과 그들의 마음이 굳어짐으로 말미암아 하나님의 생명에서 떠나 있도다 그들이 감각 없는 자가 되어 자신을 방탕에 방임하여 모든 더러운 것을 욕심으로 행하되 (엡 4:17-19)

'허망한 것으로 행함'이나 '무지함'과 '마음이 굳어짐' 같은 일들은 모두 하나님의 생명에서 분리되었기 때문에 일어나는 일들입니다. 기독교가 구원을 가장 시급한 문제로 언급하는 이유는 인간의 죄 때문입니다. 인간에게 필요한 근본적인 일은 죄에 대해 이해하는 것과 인간은 이 문제를 해결함에 있어 무력하며 무지하다는 현실을 깨닫는 것입니다. 이 점을 받아들이지 못하는 한 인간이 만들어 놓은 물질세계의 부요함이든 과학적 성과든 온전히 사용할 수가 없습니다.

역사가 증언하는 대로 인간은 외적인 문제를 가지고 싸운 적이 없습니다. 언제나 내적인 문제로 싸우는데 인간의 내면에서 발견되는 것은 다름 아닌 죄성입니다. 그런 면에서 기독교 신앙을 윤리와 도덕적 가치의 관점에서 평가하는 것은 적절하지 못합니다. 기독교가 제시하는 복음은 어떤 이론이 아닙니다. 복음은 언제나 구원을 주시는 하나님의 능력이라고 소개됩니다. 로마서 1장에서 보듯이 바울은 복음에 대해 '내가 복음을 부끄러워하지 아니하노니 이 복음은 모든 믿는 자에게 구원을 주시는 하나님의 능력이 됨이라'(롬 1:16)라고 설명합니다.

그리스도인의 책임

인간은 어느 시대, 어떤 환경 속에서 문화를 유지하든지와 관계없이 인간으로서의 진정한 인생과 가치, 그리고 인간들이 이루어 사는 사회에 대한 올바른 해답을 내릴 수 없습니다. 인간은 자신에 대해서나 사회에 대해서 해답을 내릴 수 없다는 점을 알고 있는 이들이 바로 그리스도인들입니다. 예수를 믿는다는 것은 바로 이런 차원에서 인류를 바라보는 것과 관련됩니다. 인류의 역사와 세계는 하나님의 통치 아래서만 해답을 찾을 수 있다는 점을 신자들은 알고 있습니다.

하나님이 자연계를 만드시고 역사를 인도하고 계시다는 것을 인정하며, 하나님이 우리를 사용하셔서 우리가 몸담은 시대와 사회 속에서 하나님의 일을 하신다는 것과 그 일이 이루어지는 방식을 이해하는 일이 우리에게 시급합니다.

우리는 변화하는 사회 속에서도 여전히 옛날과 똑같은 방식으로밖에는 복음을 증거할 줄 모릅니다. 부족하며 준비되지 못한 우리를 통해서도 하나님은 일하십니다. 하지만 초월 일변도로 복음을 증언해서는 자연을 담아내지 못합니다. 이것이 지금 우리의 문제입니다. 우리의 신앙이 자연을 담아내는 것에 대해 설명할 수 없다면, 실상 우리는 하나님이 일하시는 방법에 대하여 무지하며 무책임한 것입니다

다. 하나님이 초월로도, 자연으로도 일하신다는 사실을 이해할 때 신자의 증언은 더욱 풍성하고 깊어질 것입니다.

> 너희가 서로 거짓말을 하지 말라 옛 사람과 그 행위를 벗어 버리고 새 사람을 입었으니 이는 자기를 창조하신 이의 형상을 따라 지식에까지 새롭게 하심을 입은 자니라 거기에는 헬라인이나 유대인이나 할례파나 무할례파나 야만인이나 스구디아인이나 종이나 자유인이 차별이 있을 수 없나니 오직 그리스도는 만유시요 만유 안에 계시니라
> (골 3:9-11)

그리스도는 만유이시고 만유 안에 계십니다. 그리스도가 만유라는 것은 그리스도 안에 온 세계와 인류와 역사가 자리 잡아 종합이 되는 것을 뜻합니다. 예수 그리스도께서는 우리에게 구원을 주셨고 그분이 주시는 구원은 모든 인류와 역사와 세계를 종합하는 영역과 질서에 임한 것입니다.

그가 모든 사람을 대신하여 죽으심은 살아 있는 자들로 하여금 다시는 그들 자신을 위하여 살지 않고 오직 그들을 대신하여 죽었다가 다시 살아나신 이를 위하여 살게 하려 함이라 그러므로 우리가 이제부터는 어떤 사람도 육신을 따라 알지 아니하노라 비록 우리가 그리스도도 육신을 따라 알았으나 이제부터는 그같이 알지 아니하노라 그런즉 누구든지 그리스도 안에 있으면 새로운 피조물이라 이전 것은 지

나갔으니 보라 새 것이 되었도다 모든 것이 하나님께로서 났으며 그가 그리스도로 말미암아 우리를 자기와 화목하게 하시고 또 우리에게 화목하게 하는 직분을 주셨으니 곧 하나님께서 그리스도 안에 계시사 세상을 자기와 화목하게 하시며 그들의 죄를 그들에게 돌리지 아니하시고 화목하게 하는 말씀을 우리에게 부탁하셨느니라 (고후 5:15-19)

기독교 신앙의 핵심은 하나님과 화목하는 일과 모든 사람을 화목하도록 부르는 일에 있습니다. 이것이야말로 신자에게 최우선이 되는 책임입니다.

신자가 맡은 최고의 책임을 전도라고 흔히 이야기합니다. 전도는 예수를 믿어 구원을 얻도록 하는 것인데, 구원은 하나님과 화목하는 것이며 예수 안에 들어오는 것입니다. 예수 안에 들어옴으로써 모두가 화목하게 됩니다.

화목이란 서로 다른 사람들이 예수 안에서 통일됨을 말합니다. 전도는 이 일을 위해 복음을 전하는 일입니다. 그러므로 화목을 전하면서 싸우면 곤란합니다. 예수님은 인간과 싸우려고 오지 않았습니다. 예수님은 여러 고난을 당하시고 죽으심으로 우리를 그 품안에 품으셔서 하나님의 구원으로 우리를 하나 되게 하셨습니다.

우리는 그리스도 안에서 그의 은혜의 풍성함을 따라 그의 피로 말미암아 속량 곧 죄 사함을 받았느니라 이는 그가 모든 지혜와 총명을 우리에게 넘치게 하사 그 뜻의 비밀을 우리에게 알리신 것이요 그의 기

뻐하심을 따라 그리스도 안에서 때가 찬 경륜을 위하여 예정하신 것
이니 하늘에 있는 것이나 땅에 있는 것이 다 그리스도 안에서 통일되
게 하려 하심이라 (엡 1:7-10)

여기에 기독교 구원에 관한 분명한 진술이 나옵니다. 그것은 예수 안에서 통일되는 것입니다. 비로소 거기에 하나님의 통치로 말미암는 평화와 화목과 용서와 기쁨과 사랑과 감사가 있게 됩니다. 여기에 감정적이고 정서적인 경험이 동반되기도 합니다. 하지만 성경에서 말하는 바는 그런 차원으로 제한되는 것이 아닙니다. 성경에서는 그것보다 더 근본적인 차원에서 세계와 역사를 다 담아 더 이상 싸움이 일어날 수 없는 하나님의 통치와 그 통치에서 발견되는 질서와 의로움과 선함을 이야기하고 있습니다.

앞서 말했듯이 우리는 기독교 신앙을 통해 비로소 이웃 앞에 서게 됩니다. 그때 이웃은 복음을 증거해야 할 전도의 대상만으로 존재하지 않습니다. 우리의 이웃들은 복음을 통해 변화되어야 할 존재들이지만, 전도의 노획물이거나 공격적인 전도의 대상일 수는 없습니다. 신자는 그들 앞에 그들과는 다른 존재로 서야 합니다. 신자만이 비로소 인류 앞에 참다운 이웃으로 설 수 있습니다. 복음을 받아 구원을 얻은 신자야말로 참다운 이웃으로 존재할 수 있습니다.

이런 문제는 심판의 기준으로 우리에게 제시된 바 있습니다. 마태복음 25장에 보면 예수께서 잡히시기 전에 마지막으로 제자들에게 교훈하시면서 이런 비유를 하십니다. 마지막 심판대에서 양과 염소

를 구별하여 착하고 충성된 종들에게는 상을 줄 것이고, 악하고 게으른 종들은 심판할 것이라는 이야기입니다.

이에 의인들이 대답하여 이르되 주여 우리가 어느 때에 주께서 주리신 것을 보고 음식을 대접하였으며 목마르신 것을 보고 마시게 하였나이까 어느 때에 나그네 되신 것을 보고 영접하였으며 헐벗으신 것을 보고 옷 입혔나이까 어느 때에 병드신 것이나 옥에 갇히신 것을 보고 가서 뵈었나이까 하리니 임금이 대답하여 이르시되 내가 진실로 너희에게 이르노니 너희가 여기 내 형제 중에 지극히 작은 자 하나에게 한 것이 곧 내게 한 것이니라 하시고 (마 25:37-40)

그들도 대답하여 이르되 주여 우리가 어느 때에 주께서 주리신 것이나 목마르신 것이나 나그네 되신 것이나 헐벗으신 것이나 병드신 것이나 옥에 갇히신 것을 보고 공양하지 아니하더이까 이에 임금이 대답하여 이르시되 내가 진실로 너희에게 이르노니 이 지극히 작은 자 하나에게 하지 아니한 것이 곧 내게 하지 아니한 것이니라 하시리니 (마 25:44-45)

심판받을 자들은 이렇게 되묻습니다. "우리가 언제 주께서 굶주리시고 갇히시고 헐벗으신 것을 보고 그냥 있었습니까?" 이에 대한 주님의 대답은 이렇습니다. "너희가 여기 내 형제 중에 지극히 작은 자 하나에게 하지 않은 것이 내게 하지 않은 것이다." 여기서 '내 형제'는 꼭 신자를 의미하지 않습니다. 모든 인류입니다. 여기서 '작은 자'란 이해관계 때문에 호의를 베풀 수 있는 대상이 아닌 이를 가리킵니다. 이해관계가 얽히지 않은 자에게, 보상을 받을 수 없는 자에게 주께 하듯이 하라는 것입니다. 이것이 바로 구원이며 신자가 해야 할 신앙의 실천입니다.

자신에게 잘해 주는 사람에게만 "예수 믿으세요"라고 말하는 것은 옳지 않습니다. 예수님은 공생애 사역 중에 많은 이들을 고치셨습니다. 때로는 믿음을 조건으로 달고 치유하시기도 합니다. 그런데 예수님의 치유는 근본적으로 '비통히 여기시고 불쌍히 여기'(요 11:33)시는 마음에서 비롯됩니다. 우리도 비통히 여기고 불쌍히 여겨야 합니다. 우월감을 가지고 동정하라는 말이 아닙니다. 나도 옛날에 저랬지, 하고 도우라는 것이 아닙니다. 하나님이 없으면 우리는 다 저렇지, 하고 그리스도의 사랑으로 비통히 여기고 불쌍히 여겨야 합니다. 이것이 신자의 거룩함입니다. 이렇게 하지 못하면 기독교 복음은 진정한 가치를 잃게 됩니다.

또 네 이웃을 사랑하고 네 원수를 미워하라 하였다는 것을 너희가 들었으나 나는 너희에게 이르노니 너희 원수를 사랑하며 너희를 박해하는 자를 위하여 기도하라 (마 5:43-44)

'이웃을 사랑하라! 원수를 사랑하라!' 기독교에서 사랑을 강조하면서 그 사랑의 정도가 얼마나 큰지를 나타낼 때 원수를 사랑하라고 합니다. 사랑은 고귀한 것이기 때문이 아니라 45절에 있는 바와 같이 '이같이 한즉 하늘에 계신 너희 아버지의 아들이 되리니'라는 것 때문입니다. 하나님이 그것을 좋아하시기 때문입니다. 하나님을 닮으십시오. 이것이 기독교 신앙입니다. 이해관계나 논리를 뛰어넘어야 합니다.

> 이같이 한즉 하늘에 계신 너희 아버지의 아들이 되리니 이는 하나님이 그 해를 악인과 선인에게 비추시며 비를 의로운 자와 불의한 자에게 내려주심이라 (마 5:45)

하나님은 관용의 하나님이십니다. 긍휼히 여기시며 오래 참으시는 하나님이십니다. 모두가 구원받기를 원하는 사랑의 하나님입니다. 신자들도 당연히 그런 성품을 지니고 그렇게 행동해야 합니다.

법과 질서가 없어도 좋다는 말이 아닙니다. 오른편 뺨을 치면 왼편 뺨을 돌려 대라거나, 도둑이 들어오면 물건 싸 줘라, 하는 식으로 해석할 문제가 아닙니다. 도둑은 당연히 붙잡아서 경찰에 넘겨야 됩니다. 그러나 도둑에게 욕은 하지 말아야 합니다. 때리지도 말고 붙들어 매서 경찰에 넘기십시오.

누구든 죄 문제를 해결해야만 인간성을 회복하여 참다운 자리를 찾게 됩니다. 이 일을 위해 예수님이 필요합니다. 예수의 존재와 필요성은 유일무이한 것입니다. 우리가 "예수! 예수!"를 외치는 이유는 이 때문입니다. 예수 때문에 구원을 얻었고, 하나님의 형상을 닮은 참다운 인간의 자리를 회복하고 영광의 자리를 찾게 되었습니다. 이로써 우리는 하나님 앞에서와 똑같이 이웃 앞에서 우리의 자리를 책임지는 삶을 살게 되었습니다. 이렇게 우리는 우리의 자리를 책임져야 합니다.

사람들은 계몽주의나 합리주의를 통해서 인생의 해답을 얻어 내려고 했고 또 현대사회가 발달된 물질문명을 통해 고도의 지식과 정보를 가졌지만, 죄를 해결하지는 못했습니다. 죄를 해결하지 않고는 정답이 없습니다.

죄인된 자리를 벗어나지 않고는 윤리나 도덕을 논하든, 선이나 의에 관해 논하든 싸움이 생깁니다. 다들 겪어 봐서 잘 압니다. 죄인 된 자리에는 성 삼위일체 하나님의 연합과 그 안에 담긴 관계의 거룩함과 충만함에 대한 내용이 없기 때문입니다. 구원을 얻고 영생을 얻어야 충만과 만족이 우리로 하여금 모든 것을 포용할 수 있게 하는 것입니다.

이제 우리는 우리의 신앙 고백을 감격적으로나 극적으로만 설명해서는 안 됩니다. 기독교 복음을 원색화하여 소개하는 방법뿐이어서는 안 됩니다. 때로는 그 일이 필요할 때도 있습니다. 어떤 이들은 그렇게 신앙을 갖게 되기도 하기 때문입니다. 그러나 그것이 정답은 아닙니다. 우리는 전 인격이 동원되는 방식으로 삶의 전(全) 영역을 담아내는 신앙을 드러내야 합니다. 우리는 지성과 지식과 지혜와 인격을 동원하여 기독교를 소개해야 할 책임이 있습니다.

열정 하나로, 종교적 도덕성 하나로 사람들을 복음에 항복시킬 수 있다고 생각해서는 곤란합니다. 하나님이 어떻게 일하실지 우리는 알 수 없습니다. 무지갯빛이 빨주노초파남보의 스펙트럼을 가지듯 복음을 증거하는 일에도 다양한 차원이 있습니다. 때로는 한 가지 색만으로 가능한 복음의 증거가 있을 수 있습니다. 그러나 거기서부터 시작해 빨주노초파남보까지 모든 색을 아우르는 데까지 이르러야 합니다. 보라색쯤에 오면 상당한 지성과 인격이 동원되는 기독교 복음에 대한 증언도 한몫하고 있을 것입니다.

지금 한국 교회에서 만날 수 있는 신앙에 대한 증언들과 복음에 대한 열정들은 치열하고 선명하기만 합니다. 세계를 담아내고 인간을 항복시킬 수 있는 복음의 깊이와 높이와 길이와 넓이에 대해서는 관심이 별로 없습니다. 지난 시대는 원색적인 방식으로 기독교를 증거해야 했던 시기였다면, 지금은 전혀 다른 도전이 대두되는 시대입니다. 다원화되고 현대화된 이 시대에 사람들로 하여금 복음 안에 항복하게 하려면 우리의 책임에 대해 다시금 생각해 보아야 합니다.

하나님이 이 시대에 우리에게 새로운 책임을 맡기셨습니다. 이 책임은 우리의 특권이기도 합니다. 또한 이것은 하나님의 통치하심과 함께하심, 세계와 역사를 주관하심과 그분의 임재를 확인할 수 있도록 신자의 삶에 주어지는 기적이기도 합니다.

한국 교회와 복음주의

2

복음주의의 흐름

05

7 빌라델비아 교회의 사자에게 편지하라 거룩하고 진실하사 다윗의 열쇠를 가지신 이 곧 열면 닫을 사람이 없고 닫으면 열 사람이 없는 그가 이르시되 8 볼지어다 내가 네 앞에 열린 문을 두었으되 능히 닫을 사람이 없으리라 내가 네 행위를 아노니 네가 작은 능력을 가지고서도 내 말을 지키며 내 이름을 배반하지 아니하였도다 9 보라 사탄의 회당 곧 자칭 유대인이라 하나 그렇지 아니하고 거짓말 하는 자들 중에서 몇을 네게 주어 그들로 와서 네 발 앞에 절하게 하고 내가 너를 사랑하는 줄을 알게 하리라 10 네가 나의 인내의 말씀을 지켰은즉 내가 또한 너를 지켜 시험의 때를 면하게 하리니 이는 장차 온 세상에 임하여 땅에 거하는 자들을 시험할 때라 11 내가 속히 오리니 네가 가진 것을 굳게 잡아 아무도 네 면류관을 빼앗지 못하게 하라 12 이기는 자는 내 하나님 성전에 기둥이 되게 하리니 그가 결코 다시 나가지 아니하리라 내가 하나님의 이름과 하나님의 성 곧 하늘에서 내 하나님께로부터 내려오는 새 예루살렘의 이름과 나의 새 이름을 그이 위에 기록하리라 13 귀 있는 자는 성령이 교회들에게 하시는 말씀을 들을지어다 (계 3:7-13)

복음주의의 흐름

이번 주제는 한국 교회의 신학과 신앙에 대한 것입니다. 대부분의 한국 교회는 복음주의적인 특징을 지닌다고 말할 수 있습니다. '목숨을 걸고 순교의 자세로 믿음을 지킨다!'는 식의 결사 각오나 '구원을 얻었으니 이제 죽으면 천당에 간다. 그러므로 살아 있는 동안 가장 중요한 사명은 복음을 전하는 것이다!'라는 다짐을 신앙 고백의 핵심으로 삼는 것은 복음주의적인 특징과 관련됩니다. 또 신앙에 대한 깊은 이해보다는 열정적인 헌신과 실천을 더 귀하게 여기는 것도 복음주의에서 비롯되는 특징적인 면이라고 할 수 있습니다. 이와 같은 복음주의적 특징들을 한국 교회에서 쉽게 발견할 수 있습니다.

    복음주의에 대해 살펴봄으로써 우리는 한국 교회를 더 깊이 이해할 수 있을 것입니다. 복음주의에 대해 더 잘 알게 되면, 한국 교회 신자들의 신앙의 면모를 제대로 파악할 수 있습니다. 이런 이유 때문에 우리는 복음주의에 대해 짚어 보아야 합니다.

    복음주의는 복음에 기초한 영적 갱신과 부흥을 신앙생활의 핵심에 두는 신앙 운동이라고 할 수 있습니다. 말 그대로 복음주의는 복음 자체를 강조합니다. 즉, 그리스도를 통해 계시된 하나님의 복음을 보존하고 선포하는 데 열심을 내는 운동입니다. 복음에 대한 역동적인 헌신과 열정이 복음주의의 대표적인 특징입니다. 이같은 특징은 한국 교회의 모습을 떠올리게 합니다.

    복음주의는 한국 교회의 전유물이 아니라 이미 오랜 역사적 뿌리를 지닌 운동입니다. 오늘날 복음주의의 뿌리는 크게 두 갈래에서 찾을 수 있습니다. 넓게 보면, 18세기 미국에서 일어난 부흥 운동인 '대각성 운동'으로부터 일어난 신앙 전통과 관련됩니다. 좁게 보면, 2차 세계 대전 이후 미국에서 종래의 근본주의와는 다른 노선을 가고자 하는 '신복음주의'에서 그 뿌리를 찾을 수 있습니다.

신복음주의는 2차 세계 대전 이후에 근본주의와의 차별을 드러내면서도 정통의 신앙을 보수적으로 지키려고 했던 운동입니다. 이 운동은 경직된 근본주의자들과의 차이 때문에 일어났습니다. 20세기 초에 미국에서 위세를 떨친 근본주의는 자유주의에 대항해서 신앙의 근본을 지키고자 시작된 운동이었습니다. 그런데 이 운동 안에도 여러 가지 약점이 있었고, 경직된 태도가 있었습니다. 한편 신복음주의는 전통적인 신앙의 내용을 지키면서도 보다 유연하게 현대의 문제에 개입하고 대안을 도출하려는 시도로서 등장하게 됩니다. 지금의 복음주의는 대각성 운동과 신복음주의와 이어져 있다고 요약할 수 있습니다.

복음주의의 특징과 뿌리*

넓은 의미에서 복음주의를 말할 때, 그 특징을 네 가지 정도로 말할 수 있습니다. 첫 번째는 '회심주의'로, 개인적인 회심의 체험을 중요하게 여기는 것을 말합니다. 이 특징은 한국 교회에서 자주 들을 수 있는 '구원의 확신이 있습니까?'와 같은 질문에서 확인할 수 있습니다.

기독교를 믿는 집안에서 자라난 모태 신앙인들은 구원의 확신이 특별한 체험이나 사건으로 기억되지 않을 수 있습니다. 어떤 분들은 목사인 저에게도 "죄송하지만 목사님, 구원의 확신이 있으십니까?"라고 묻곤 합니다. 이런 질문이 마치 검문이나 심문에서 쓰이듯 사용되고 있습니다. 이는 복음주의가 회심을 강조하기 때문에 생겨난 현상이라고 할 수 있습니다.

두 번째 특징은 '성서주의'입니다. 이것은 성서를 궁극적 권위로 신뢰하며 신앙의 근거로 삼는 것을 뜻합니다. 세 번째는 '활동주의'입니다. 복음 전도에 우선권을 두고 전도와 선교를 강조합니다. 신앙의 실천은 주로 전도와 선교와 관련되어 이루어집니다. 네 번째는 '십자가 중심주의'입니다. 그리스도의 십자가 고난을 통한 구속 사역에 초점을 두고 구원을 중요하게 이야기합니다.

복음주의의 특징은 이것이 일종의 운동이라는 면을 염두에 둘 때

---

* 복음주의에 대한 전반적인 이해를 위해서는 목창균 교수가 쓴 《현대 복음주의》를 참조하십시오.

더 확연해집니다. 복음주의는 장로교, 감리교, 루터교 같은 교파들처럼 독특한 신학적 내용을 핵심으로 가지고 있는 신학 전통이라기보다는 실천적 운동으로서의 성격을 더 많이 가지고 있다고 할 수 있습니다. 그래서 복음주의를 '운동'이라고 부를 수 있습니다. 신학적 내용보다는 운동으로서의 역동성이 훨씬 더 두드러지기 때문입니다.

복음주의는 죄로부터의 구원이라는 성경의 메시지를 신앙의 핵심 내용으로 삼으며, 경건한 신앙생활과 헌신적인 실천을 강조합니다. 신앙의 내용 면에서 보자면, 기독교의 정통적인 신앙을 그대로 계승한다고 할 수 있습니다. 그런데 신앙의 실천에 있어서는 독특한 면모를 보여 줍니다. 복음주의는 종교 개혁, 청교도 운동, 경건주의 운동, 부흥 운동 등 교회사에 나타난 여러 운동에 그 역사적 뿌리를 두고 있습니다. 이 운동들은 기성 교회들의 생명력 없는 신앙에 대하여 갱신을 요구했던 움직임이었습니다.

복음주의 역시 복음의 역동성을 잃어버린 채, 활기 없는 신앙에 안주하는 교회의 현실에 대한 각성으로서 일어난 운동이라고 할 수 있습니다. 이 선행하는 운동들과 복음주의 운동 사이의 관계를 좀 더 자세히 살펴보겠습니다.

첫 번째는 종교 개혁과의 관계입니다. 종교 개혁의 중심 주제들은 복음주의 운동의 근간이 됩니다. 종교 개혁의 표어에서 보게 되는 '오직 믿음', '오직 성경', '오직 은혜'와 같은 원리들은 복음주의의 정체성을 마련합니다. 신학적으로 복음주의는 종교 개혁의 핵심을 그대로 이어받고 있습니다. 그러나 종교 개혁의 중심 내용들이 복음주의의 전(全) 지평을 지배하고 있는 것은 아닙니다. 이 점은 앞으로도 반복해서 설명할 것입니다. 복음주의는 종교 개혁의 신학적 전통을 계승하면서도 운동으로서의 성격이 강합니다.

종교 개혁은 교회 개혁에 깊은 관심이 있었습니다. 여기서 교회 개혁에 대해 생각하고 넘어갈 점이 있습니다. 우리는 교회 개혁이라는 말을 들으면 도덕적인 면을 먼저 떠올립니다. 그러나 종교 개혁 시대의 교회 개혁은 신학적 개혁이었습니다. 종교 개혁이 개혁의 대상으로 삼은 대상은 바로 교회였습니다. 그러나 복음주의는 그 에너지를 쏟아 낼 대상을 복음 전도 활동에 두고 있습니다. 그러니까 복음주의는 신학적 내용에 있어서는 종교 개혁에 뿌리를 두고 있으면서도 그 활동은 교회 밖에서 이루어지는 복음 전도에 집중합니다.

두 번째는 청교도 운동과의 관계입니다. 현대 복음주의의 두 번째 역사적 원천으로 17세기의 청교도 운동을 들 수 있습니다. 청교도들은 신앙의 내용에 있어 개혁파 교회의 교리를 따르면서 아울러 신자로서의 삶의 경험적 측면을 강조했습니다.

종교 개혁이 일어났을 때에는 신학적 논쟁이 핵심적인 위치를 차지했습니다. 어떤 싸움이든 신학적 이론의 문제가 제일 앞서기 때문입니다. 그런데 시간이 지나면서 신앙 문제가 이론으로만 치우친다는 반성이 있게 됩니다. 이런 차원에서 신앙이 이론적 논쟁에 치우치는 현실에 반대하고 실질적인 경건 생활을 강조했던 것이 청교도들입니다.

특히 청교도 운동은 칼빈주의의 강조점인 '선택'의 교리에 의해 생겨난 불안에 대응해 새로운 종류의 경전을 발전시켰습니다. 칼빈주의는 하나님의 주권을 강조하고 예정 교리를 강조합니다. 신자의 구원에서 전적인 은혜가 강조됩니다. 구원을 확정하는 것은 하나님의 선택이라는 점을 중요하게 여깁니다. 그런데 신자들 편에서 보자면 좀 모호하게 느껴집니다. 구원이 하나님의 주권과 선택에 좌우된다는 것은 배워서 알고 있지만, 구원에 대한 확신을 주는 개인적 체험이나 확인이 없는 것처럼 느껴졌던 것입니다. 여기에 대한 답으로 체험적 확인이 강조됩니다. 구원은 하나님의 선택과 은혜로 주어지는 것이지만 지금 신자의 현실에서 확인되는 체험이기도 하다는 점을 강조한 것이 청교도 운동이었습니다. 이 때문에 구원의 주관적 증표인 중생의 체험을 강조하고 형식적인 신앙에 반대하게 됩니다. 그래서 청교도 운동에서는 체험을 많이 강조했습니다.

청교도 운동이 만들어 내는 분위기가 어떤 것인지 보려면 호손이 쓴 《주홍글씨》라는 책을 참조하면 됩니다. 그 책에서, 신앙적 명분과 완전주의에 압도되어 감당할 수 없이 경직된 신앙의 요구 속에 어려움을 겪는 내용을 발견할 수 있습니다. 물론 청교도 운동의 긍정적인 면도 찾을 수 있습니다. 신앙이 단지 논리나 말에 그치는 것이 아니라, 삶에서 뚜렷이 확인되는 실제적인 것임을 강조한 점은 이 운동이 우리에게 주는 유익입니다.

세 번째는 경건주의 운동과의 관계입니다. 종교 개혁 이후 정통적인 개신교는 형식화하고 교리화하는 경향을 보입니다. 이런 현상에 대한 반동으로 엄격한 형식과 교리에서 벗어나 생동감 있는 그리스도인의 경험을 회복하는 것을 목적으로 하여 새롭게 일어난 운동이 경건주의입니다. '기독교는 교리가 아니고 삶이며, 지식보다 오히려 실천에 존재한다'라는 모토를 내세웠습니다. 경건주의는 기독교가 신념의 체계일 뿐만 아니라, 일종의 삶이라는 진리를 재발견해 형식화된 기독교 정통주의에 활기를 불어넣는 데 공헌합니다.

이렇게 대략적으로 살펴보아도 청교도 운동과 경건주의 운동의 강조점은 지금의 한국 교회에서도 마찬가지로 확인된다는 점을 알 수 있습니다. 한국 교회의 신자들은 청교도 운동의 후예들이라고 볼 수 있습니다. 17세기부터 19세기까지 미국에서 일어난 제1차 대각성 운동, 제2차 대각성 운동에서 회심하고 체험한 사람들이 선교사로 자원해 우리나라에 기독교를 전했습니다. 그들의 신앙을 따라 한국의 신자들도 청교도적이고 경건주의적이며 실천적인 면모를 띠고 있습니다.

네 번째로는 부흥 운동과의 관계입니다. 부흥 운동은 독일의 경건주의와 영국과 미국의 청교도 운동과 각성 운동에 의해 18세기부터 19세기에 유럽과 미국에서 일어난 광범위한 신앙 운동입니다. 그렇게 보면 청교도 운동, 경건주의 운동, 그로부터 일어난 대각성 운동 모두를 부흥 운동이라고 묶어 볼 수 있습니다.

부흥 운동은 종교 개혁의 내용을 다시금 실현시키려는 영적 각성 운동이었습니다. 이 각성 운동의 특징은 회심과 제험, 강건하고 성결한 삶, 교회 갱신(이것은 도덕성을 고양시킨다는 의미의 갱신 운동을 넘어서는 것이었습니다), 인권 향상 등 사회 개혁, 봉사, 선교를 강조하는 것이었습니다. 죄를 깨닫고 구원의 은혜에 감격하자 신자들은 힘을 다해 신앙을 실천하고 자신이 몸담고 사는 시대와 사회 앞에 하나님의 손길이 되어 자신의 인생을 바치려는 자연스러운 반응을 보이게 되었습니다. 이처럼 영적 각성이 실천 운동으로 이어진 것입니다.

이처럼 네 가지 운동들이 복음주의의 뿌리가 됩니다. 다시 말해, 이 운동들의 특징적인 성격들이 복음주의 안에 이어지고 있는 것입니다. 복음주의는 신학적 내용에서는 종교 개혁에 뿌리를 두면서도, 전체 분위기에서는 신앙에 대한 주관적 체험과 그 체험에 근거한 열심 있는 삶의 실천이 중요한 특징으로 확인됩니다.

미국 복음주의

여기서 한 가지 더 기억해야 할 것이 있습니다. 복음주의는 미국에서 가장 활발하게 일어났다는 사실입니다. 19세기 초에 태동한 미국 복음주의는 부흥 운동을 발전시키는 것과 함께 교회와 국가의 분리를 통해 종교의 자유를 누리는 것을 중요하게 생각했습니다. 미국 복음주의 운동은 대각성 운동과 함께 '정교분리'(政敎分離)라는 특징을 가지고 있습니다.

미국은 기독교 신앙을 배경으로 하여 건국된 나라입니다. 영국 국교회의 핍박을 피해 미국으로 이주해 간 청교도들을 중심으로 미국이 세워졌다고 해도 틀린 말은 아닐 것입니다. 이런 배경 때문에 미국

건국 초기에 사회사업은 교회가 맡아서 했습니다. 국가는 뒤에서 재정을 지원하는 것으로 교회와 역할을 분담했습니다. 양로원, 고아원, 병원, 학교가 교회의 책임 아래 운영되었고 그 비용을 국가 재정에서 지원했습니다. 이것이 초기 미국 사회를 유지하던 사회 구조였습니다.

그런데 여기에 문제가 생겨납니다. 이른바 이단 종파들이 교회가 맡고 있던 일을 하기 위해 정부에 재정 지원을 요청하게 됩니다. 우리가 이단이라고 정죄하는 단체가 기독교에서 하는 것과 같은 일을 할 테니 기독교에게 주는 혜택을 자기들에게도 달라고 요구하게 된 것입니다. 정부 입장에서 볼 때는 종교의 자유라는 약속을 해 놓고 교리를 이유로 차별할 수 없게 되었습니다. 그래서 정부는 재정 지원에서 아예 손을 떼게 됩니다. 이로써 정치와 종교가 분리됩니다.

그러자 교회는 운영비 조달에 어려움을 겪게 됩니다. 국가에서 맡았던 재정을 교회가 감당하기에는 역부족이었습니다. 교회의 힘만으로 병원과 학교를 운영하기란 그때나 지금이나 어려운 일입니다. 이런 까닭에 교회는 헌금을 많이 모으는 사람이 필요하게 됩니다. 이때부터 우리가 익히 알고 있는 '조나단 에드워즈'나 '찰스 피니' 같은 대중성이 있는 목회자들이 두각을 나타냅니다.

여기서 이 목회자들의 사역이 잘되었다거나 잘못되었다는 것을 밝히려는 것은 아닙니다. 이 목회자들을 통해 대각성 운동에서 많은 이들이 회심하였습니다. 하지만 역사적 정황으로 볼 때, 교회가 이들을 필요로 했던 현실적인 이유 가운데 하나는 이들을 통해 많은 사람들을 불러들여 재정 조달을 하기 위한 것이었습니다. 이런 맥락 속에서 훌륭한 목사란, 더욱 많은 사람들에게 어필이 되는 사람이라고 이해되기 시작합니다. 이때부터 주도권이 청중에게로 넘어갑니다. 성경을 제대로 가르치는 것보다, 한 사람이라도 더 끌어모으는 일이 교회 안에서 더 중요해진 것입니다. 지금 우리가 '어느 유명한 교회의 훌륭한 목사'라고 말할 때도 그 시절 미국 교회에서처럼 대중성을 기준으로 목사를 판단하고 있는 것입니다.

부흥 운동과 정교분리 현상이 결합됨으로써 미국 교회는 활력을 경험하게 되었습니다. 이제 실용성에 대한 관심이 '원리'에 대한 관심을 압도하기 시작합니다. 실용성에 대한 관심이 커져서 원리를 잊게 된 것입니다. 대각성 운동의 영향으로 복음주의는 19세기 미국 교회의 지배적인 세력으로 부상합니다. 하지만 이와 함께 개인의 종교 경험과 지성적 엄격성 사이에 신학적 갈등이 생겨납니다.

부흥 운동이 일어날 때에는 개인들이 영적인 체험을 많이 하게 됩니다. 이 체험은 주관적인 것이어서 사람마다 다른 방식으로 경험합니다. 이같은 종교적 체험이 신앙의 내용 안에 자리매김을 해야 합니다. 그런데 각 사람마다 다른 체험을 갖게 될 때, 그 체험이 주도권을 가져 신앙의 내용을 나름대로 재구성하는 경향이 있습니다. 내가 경험한 것과 전체 신앙 내용을 연결할 때 각자가 나름의 자기 신학을 갖게 되는 것입니다. 자기 체험을 근거로 자기 신학을 만들어 내면서도 다른 이들의 신앙 이해를 다양한 것으로 포용하기보다는 다른 신앙으로 여기는 분파주의가 여기에서 나오기 시작합니다.

여기서 한 가지 더 확인해야 할 문제가 있습니다. 그것은 신학적인 전통에 관한 것입니다. 개신교는 종교 개혁에 뿌리를 두고 있습니다. 우리가 지금 가지고 있는 신학적인 내용들은 로마 가톨릭교회에 대한 신학적 논쟁이 시작되어 올바른 기독교 신앙과 신학을 지키기 위해 일어난 종교 개혁 운동으로부터 물려받은 것입니다. 이후, 계몽주의의 영향 아래에서 인본주의적 성격을 띤 자유주의 신학이 기독교의 전통적인 신앙의 내용을 허물기 시작합니다. 자유주의 신학에서는 성경의 절대적 권위를 인정하지 않으며 초월의 영역을 부정하고 창조와 동정녀 탄생, 부활의 사실성을 거부합니다. 기독교 신앙이 근거를 두고 있는 역사적 사실을 거부합니다.

이런 도전 앞에서 기독교 신앙의 근본 내용을 지켜 내려고 한 것이 근본주의 운동입니다. 근본주의 운동은 종교 개혁 이후의 정통 신학을 계승해 온 장로교회와 19세기 말부터 등장한 세대주의를 따르는 다수의 침례교회가 함께 연합하여 이끌어 갑니다. 자유주의 신학에 대항하여 개혁파 신학과 세대주의 신학이 공동 전선을 구축했다고 할 수 있습니다. 근본주의의 주 관심사는 자유주의가 공격하는 기독교 신앙의 핵심적 내용을 지켜 내는 데 있었습니다. 이로써 기독교 신앙의 본질적 요소를 보존한 것은 근본주의의 공헌이라고 할 수 있습니다. 하지만 근본주의는 부정적인 영향도 끼칩니다. 그것은 근본주의가 사회적 비전까지 포괄하는 기독교적 세계관을 제시하지 못한 채 지나치게 내세 지향적이고 반지성적인 성격을 띠게 된 데에서 발견됩니다. 이 때문에 근본주의는 교육 수준이 높은 청중들의 동의를 얻지 못하고 맙니다.

복음주의에는 이와 같은 근본주의적 요소가 들어 있습니다. 반지성적이고 초월의 세계만을 강조하고 신자의 개인적 체험을 강조합니다. 이런 면은 한국 교회에도 그대로 들어와 있는 특징입니다. 많은 한국 교회들이 집회를 할 때 '심령, 치유, 기적, 충만, 축복, 은사, 대성회' 같은 식의 이름을 붙이곤 합니다. 신비적이고 초월적이며 체험적인 면이 부각되지만 신학적인 면은 별로 등장하지 않습니다.

한국 교회는 해방 이후 70년대에 이르기까지 부흥회를 계속해 옵니다. 그러다가 70년대에 이르러 '이제 부흥회 식은 싫다. 성경을 배우고 싶다' 하는 요구가 생겨납니다. 이후 '부흥회' 대신에 '사경회'라는 말이 집회의 명칭이 되었고, 사경회는 부흥회와 다르다는 생각이 따라옵니다. 그렇다고 신앙의 내용에 대한 관심이 높아진 것은 아닙니다. 부흥 운동의 영향 속에서 한국 교회의 열심 있는 신자들은 여전히 초월, 신비, 체험 같은 것으로 자신의 신앙을 설명합니다. 보다 신학적이고 이성적으로, 넓게는 문화나 세계 전체를 담아 자신의 신앙을 설명하는 사람은 찾기 어렵습니다.

이런 상황에 대한 걱정과 이에 대한 대안이 미국 신학자들에게서 시작됩니다. 이들은 앞서 언급한 신복음주 운동의 주역들입니다. '헤럴드 오켄가', '칼 헨리', '빌리 그레이엄' 같은 이들은 근본주의의 영향 속에서 문제를 느끼고 기독교 신앙을 보다 지성적으로 표현하려고 노력하기 시작했습니다. 이들은 개신교의 정통 교리를 그대로 유지하면서도 학문적 연구에 가치를 부여하고 사회 문제에도 적극적으로 관심을 가졌습니다. 바른 교리를 지킨다는 차원에서 근본주의가 대화를 거부하는 폐쇄성을 가진 것에 비해, 기독교 신앙이 진리라는 점을 세상에 전해야 한다고 생각했습니다. 기독교 신앙을 지키되 개방성을 가져야 한다는 정도를 넘어 세상으로 가서 신앙을 증거하고 불신자들과 더불어 진리를 드러내야 한다고 본 것입니다. 또한 기독교 신앙은 개인의 구원이라는 차원보다 더 넓은 것이어서 자연까지도 담아내야 한다는 점을 새롭게 강조했습니다.

신복음주의는 종교 개혁의 주류 입장을 회복하여 세상을 긍정하고 문화를 포용하려는 비전을 지니고 있었습니다. 즉, 영혼을 구원할 뿐 아니라 문화를 변화시키는 데까지 이르는 복음의 비전을 회복하려고 했습니다. 지금의 복음주의는 이와 같은 강조점을 가지고 있습니다. 자유주의와 근본주의 사이에서 중간 길을 택하는 제3세력이라고 할 수 있습니다.

하지만 지금 한국 교회의 복음주의는 여기에 와 있지 않습니다. 한국의 복음주의는 옛 전통의 복음주의입니다. 청교도 운동, 경건주의 운동, 부흥 운동의 전통 속에 머물러 있는 것이 한국 교회의 복음주의라고 할 수 있습니다. 아직 신복음주의 운동의 수준에 이르지 못한 것으로 보입니다. 신복음주의는 문화적으로나 학문적으로 세계를 담아내는 수준의 폭넓은 신앙 실천을 목표로 하기 때문입니다.

자유주의 신학이 야기한 가장 큰 문제는 복음에 끼칠 악영향을 간과한 채, 복음을 현대인이나 현대의 문화가 받아들일 수 있는 것으로 변조한 데에 있습니다. 이 점을 간파하여 비판한 것이 근본주의의 공헌입니다. 이런 논쟁의 배경 속에서 자유주의에 대항하면서도 근본주의의 신학적 폐쇄성을 극복해 내고자 한 것이 현대 복음주의의 모습입니다.

지성적 빈곤

한국 교회는 복음주의의 문제점을 그대로 안고 있기도 합니다. 복음주의의 문제점으로 많이 지적되는 것은 지성적 빈곤의 문제입니다. 앞서 언급했듯이 복음주의는 믿음의 내용인 신학에 대한 음미와 고찰보다는 신앙 실천의 역동성을 강조하는 성격을 가지고 있습니다. 신앙생활에서 보다 중요한 것은 활기찬 실천이지, 활동을 멈추고 가만히 뜻을 새겨보는 것이 아니었습니다. 그래서 복음주의는 신앙의 내용인 신학에 대해 폭넓고 깊은 관심을 기울이지 못한 약점을 갖게 되었습니다. 이 운동에서 가장 중요한 덕목으로는 열정이 자리 잡았습니다. 내용은 잘 모르면서 열심만 내는 것이 복음주의에서 비롯된 큰 문제입니다. 이것은 대단히 위험한 일로서 한국 교회는 이로부터 자유롭지 못합니다.

우리는 이런 점을 잘 새겨보아야 합니다. 지성적 활동이 빈곤하기 때문에 어떤 일을 만날 때 비판적 분석과 진지한 성찰보다는 문제를 단순화하는 방식으로 넘어가려고 합니다. 신앙적 어려움에 대해서도 '회개하라! 믿음을 가져라!'라는 것밖에는 해답을 제시하지 못합니다. 무슨 문제가 있으면 '기도를 안 해서 그래. 무릎 꿇고 기도해 봐!'

이렇게 나오는 것입니다. 신앙의 문제는 단순한 것이 아니며, 인간 자체도 단순하지 않은데 말입니다.

인간이라는 존재가 얼마나 오묘한지는 운전만 생각해 봐도 알 수 있습니다. 왜 앞에 가는 운전자가 좌측 깜빡이를 켜고 우회전을 하는지 우리는 알 수 없습니다. 인간을 이해할 수 있는 존재는 하나님 외에 없습니다. 우리는 다 이해할 수 없습니다. 겉으로 드러나는 행동도 다 이해할 수 없는데 속 깊이 생각하고 느끼는 것을 누가 이해할 수 있겠습니까. 복음주의는 이런 문제에 대해 깊이 생각하지 않았습니다. 이해하려고 노력하며 더 깊은 신앙의 안목을 가지려고 하기보다 문제를 단순화해 버리는 쪽으로 해결의 방향을 찾았습니다.

이렇게 문제를 단순화해 버린 것은 복음주의가 신앙의 내용에 무지했다는 데에서 그 원인을 찾을 수 있습니다. 문명이 발달하지 못한 곳에서는 '하나, 둘, 셋'까지만 수를 세고서 그다음부터는 그저 '많다'고 합니다. 한국 교회의 형편이 그러하다고 비유할 수 있습니다. 이렇게 말한다고 해서 제가 더 높은 곳에서 내려다보며 말하고 있는 것은 아니라는 점을 이해해 주시면 좋겠습니다. 한국 교회는 아직 이 수준 너머로 나아가지 못하고 있습니다.

제가 한국 교회에서 자라나 신앙생활을 해 나가면서 확인하게 된 바가 그렇습니다. 이제 보니 제가 여기까지밖에 못 왔다는 것을 알게 된 것입니다. 장년이 된 우리는 아직 여기까지밖에 못 왔다는 것을 기억해야 합니다. 자라나는 신앙의 후배들을 우리가 여기까지밖에 못 데리고 온 것입니다. '앞으로 더 가야 할 길이 있다!'고 하는 것이 우리가 기억했으면 하는 점입니다.

　신앙의 문제를 단순화하려는 시도는 또 다른 경향을 만들어 냈습니다. 문제를 단순화하는 가운데 영감과 은사에 의존하는 경향이 생겨난 것입니다. 문제가 단순해지니 해결 방법도 단순합니다. 신앙적인 문제에 부딪혔을 때 흔히 '기도해! 하나님이 들어주실 거야!' 하고 말합니다. 이것은 그 자체로는 옳은 말입니다. 그러나 하나님이 그 문제를 통해 우리로 더 생각하고 고민하고 연습하게 하신다는 면을 보지 못하는 것입니다. 이런 점에 대한 이해가 많이 부족합니다.

　복음주의는 신앙 문제에 부딪힐 때, 해결의 중요한 열쇠가 '열심'에 있다고 생각하는 경향이 있습니다. 신앙생활을 더 철저히 원색적으로 해냄으로써 문제를 해결할 수 있다고 보는 것입니다. 근본주의나 세대주의처럼 신앙의 조목을 지켜 내는 데 애쓴다거나, '케직(Keswick) 운동'처럼 경건한 삶을 살기 위해 노력한다든가, '오순절 운동'처럼 성령의 역사를 눈에 보이게 경험하려고 한다든가, 방식은 달라도 전부 원색적인 열심을 가지고 신앙 문제를 해결하려 했다는 점에서 공통점을 가지고 있었습니다.

　기독교 신학과 신앙 전체를 담아내는 이해가 부족하여 복음주의는 치열하고 원색적인 운동들을 더 활발히 해 나갑니다. 그렇게 하여 기독교 신앙의 본질적인 요소들을 보존하는 데는 성공했으나 반지성적인 경향을 지니게 된 것이 그에 못지않은 문제로 떠오르게 됩니다.

　복음주의는 대중적 차원에서는 큰 성과를 얻었으나 지식층에서는 큰 힘을 발휘하지 못하는 현실을 맞았습니다. 복음은 정치, 경제,

사회, 문화, 예술의 영역과는 분리된 삶의 작은 부분으로 그 영향력이 제한되어 버리고 말았습니다. 이런 현실을 눈앞에 두었기에 지금까지 복음주의의 내용, 특징, 중심 주제들을 살펴본 것입니다. 앞으로 우리에게는 복음주의로 인해 형성된 한국 교회의 문제들을 어떻게 극복해야 할 것인가의 문제가 남아 있습니다. 현대 복음주의의 위기를 확인하고 그 문제를 극복하는 일은 우리 모두에게 남겨진 과제라는 점을 인식해야 할 것입니다.

한국 교회는 아직도 여러 곳에서 양적 성장이 이루어지고 있고, 영향력이 확대되고 있음에도 불구하고 위기에 직면해 있습니다. 이 점은 큰 교회에서 헌신하는 신자들의 영혼이 가난한 데서 확인할 수 있습니다. 이것이 한국 교회가 안고 있는 큰 문제입니다. 늘 업적을 늘어놓으며 자랑을 해야 한다는 것은 속이 비어 있음에 대한 반증입니다. 유명한 큰 교회의 교인들 중에 충만과 만족을 누리며 신앙생활을 하는 이가 적다는 것은 한국 교회의 현실을 보여 줍니다.

감격하고 있는 사람들도 있습니다. 그러나 이 일은 회심 이후 감격스러운 기간을 살아가는 이들에게나 주로 있는 것입니다. 이들은 구원의 감격을 가지고 기쁜 마음으로 전도와 봉사에 힘씁니다. 하지만 시간이 지나면 영혼의 빈곤함을 느끼게 됩니다. 이것은 개개인의 됨됨이 때문에 생겨난 현상이 아닙니다. 인간이 어떤 존재인지를 생각해 보면 그 이유를 찾을 수 있습니다.

인간은 일만 열심히 한다고 충족감을 얻을 수 있는 존재가 아닙니다. 아무리 옳은 일이고 필요한 일이라고 하더라도, 그 일에 대한 열심만으로 신앙을 지켜 낼 수는 없습니다. 우리의 영혼과 인격을 채우는 기독교 신앙의 총체적인 모습에 대한 이해와, 우리의 실존과 인생과 세계와 역사를 다 담아내는 하나님의 일하심에 대한 이해가 우리에게 긴요합니다.

복음주의의 위기

이런 우리의 문제는 복음주의가 동반하는 문제들과 깊은 연관이 있습니다. 이제 복음주의의 위기로 진단되는 몇 가지 문제점들을 살펴보겠습니다.

첫째, 복음주의의 위기는 정체성의 위기입니다. 부흥 운동이 일어나면 정체성은 오히려 흐려집니다. 부흥 운동에는 개인적 신앙 체험으로 인한 감격이 동반됩니다. 모두가 회개하고 하나님의 은혜를 경험합니다. 이때 주관적 체험이 너무 강하게 느껴져 신학 같은 것은 밋밋해 보이게 됩니다. 신학이야말로 복음 전체를 아우르는 것이니 신학을 놓치면 신앙의 종합과 조화와 질서를 놓아 버리게 됩니다.

한국 교회의 큰 문제 가운데 하나는 균형이 없다는 점입니다. 균형이 없게 된 것은 신앙의 내용 전체를 아우르는 신학이 제대로 소개되지 않은 데서 비롯됩니다. 각자 자기가 서 있는 지점이 원점이고 기준점이라고 여기고 자신을 중심으로 원을 그립니다. 그래서 사람마다 다른 원이 그려지고 신앙의 전체 그림도 서로 다른 원으로 표현됩니다.

　이처럼 부흥 운동의 양적 성장 때문에 생겨난 부작용인 정체성의 위기는 복음주의에도 위기를 가져옵니다. 복음주의 운동은 정서와 체험을 강조하는 반면, 교리에는 관심을 기울이지 않습니다. 그에 따라 신앙의 핵심이 흐려집니다. 우리에게는 중심을 잡아 줄 핵심이 없습니다.

　한국 교회의 성공한 목회자들이 신학교에 와서 설교할 때 공공연하게 이런 말들을 합니다. "신학이 다 무슨 소용이 있습니까? 기도해야지요!" 이것은 사실 무례하고 어리석은 말입니다. 신학교에 와서 신학생들에게 신학은 필요 없고 기도해야 한다는 이야기에는 어떤 생각이 담겨 있는지 아십니까?

　어느 신학교에서나 통용되는 격언 같은 말이 있습니다. '신학교에 오면 신앙을 잃는다.' 신학이란 감정적으로 할 수 있는 것이 아닙니다. 그것은 학문이고 지적인 싸움이 동반되는 일입니다. 이 일을 제대로 해내기 위해서는 많은 준비와 노력이 필요합니다. 쉽게 해낼 수가 없습니다. 그래서 마지못해 하게 되니 감동도 기쁨도 없습니다. 이런 까닭에 신학을 해서 신앙이 사라졌다는 잘못된 판단을 하게 됩니다. 그러나 실상은 그렇지 않습니다.

　종교 개혁의 원리 가운데 '오직 성경'이라는 모토가 있다고 했습니다. 교리는 성경을 유일한 근거로 하여 구성된다는 말입니다. 또 '오직 믿음'이라는 모토도 있는데, 구원의 은혜는 인간의 실력이나 노력이 아니라 믿음으로만 주어진다는 내용을 담고 있습니다. 앞의 모토는 신앙의 객관적인 측면을, 후자는 주관적인 측면을 가리킨다고 할 수 있습니다. 이런 것이 종교 개혁의 원리들이었습니다. 그런데 이런 균형이 깨지고 신앙의 주관적 측면마저도 왜곡되어 버렸습니다. 신앙의 객관적 측면은 도외시된 채 주관주의만 남았습니다. 내 경험, 내 확인만이 남아 있습니다. 더 정확히는 정서적 체험인 내 감동만이 남겨졌습니다.

앞서 언급하길 복음주의는 종교 개혁, 청교도 운동, 경건주의 운동, 대각성 운동에 뿌리를 두고 있다고 했습니다. 이 운동들은 모두 영적 갱신 운동이었습니다. 신약 성서의 복음으로부터 유래한 기독교 정통 신앙에 근거하고 이를 계승하면서 교회를 개혁하고자 한 운동들이었습니다. 그런데 교회가 갱신되어야 한다는 말은 도덕적 갱신을 뜻한 것이 아니었습니다. 갱신의 기준은 도덕적 원리가 아니라 신학이었습니다. 교회란 기독교 신앙의 정체성을 보존하는 곳이므로 그곳에서 신앙의 내용을 제대로 가르치고 실천하며 누려야 한다는 의미의 교회 갱신이 주된 과제였습니다.

그런데 이런 의미의 영적 갱신 운동이 복음주의에 와서 표류하게 됩니다. 기준이 되는 신학을 놓친 채, 대중성과 실용성이 운동의 중심에 서게 되었기 때문입니다. 주객이 전도되어 복음주의 운동에 큰 위기를 초래하게 된 것입니다. 이제 교회에서 들리는 것은 청중이 요구하는 말들입니다. 복음의 권위와 진리를 지키는 일보다는 더 큰 성공과 양적 부흥을 위해 듣는 사람들의 입맛에 맞는 이야기만을 골라 하게 된 것입니다.

둘째, 현대 복음주의의 위기를 가져온 두 번째 문제는 반(反)지성주의입니다. 복음주의가 반지성적 경향을 지니게 된 것은 경건주의와 부흥 운동의 영향에서 그 원인을 발견할 수 있습니다. 경건주의는 기독교가 신념의 집합인 동시에 삶이기도 하다는 진리를 재발견했습니다. 필요한 것은 논리가 아니고 실천이라고 강조하게 되었습니다. 그러나 일부 경건주의자들은 기독교 신앙을 삶으로만 보고, 믿는 내용인 신념에는 관심을 두지 않게 되었습니다. 이것은 체험이 늘 동반하는 문제 때문일 것입니다. 체험이 너무 강해 신학의 전체 내용 안에서 자신의 체험을 자리 잡게 하는 일에 방해를 받습니다. 체험 때문에 전체 신학의 균형을 깨기에 이릅니다. 체험은 가치 있는 일이지만, 그것이 말씀으로 확인되지 않을 때는 체험만 살아남게 됩니다. 그리고 체험을 근거로 위험한 신학이 형성됩니다.

흔히 '경건'이라는 말에는 지성이 포함되지 않는 것처럼 생각됩니다. 경건이란 신중한 사고와는 반대되는 비어 있는 내적 상태 같은 것으로 여겨집니다. 그러나 지성과 관련된 면을 빼놓은 경건은 부작용을 낳습니다.

경건을 내적 상태로 생각한 것의 부작용이 부흥 운동에서 일어났습니다. 북미에서 일어난 18-19세기의 대각성 운동은 행동적이며 즉각적이고 개인적인 특징을 갖고 있었습니다. 복음 선포를 위해 주로 청중에게 호소력 있는 대중적인 설교자 개인의 능력에 크게 의존했습니다. 그리고 구원의 주된 통로를 감동 있는 설교에 대한 즉각적인 반응이라고 여겼습니다. 이 때문에 즉각적인 반응을 불러일으키지 않는 신학적 지식이나 사상은 거의 활용되지 않았습니다. 이렇게 경건에 대한 강조는 오히려 지성의 생명력을 손상하고 기독교적 지성의 발전을 저해하는 결과를 가져왔습니다.

우리가 즐겨 읽는 신앙 서적은 주로 간증 서적들입니다. 간증 서적들의 내용은 대동소이합니다. '내가 이렇게 하나님을 만났고, 하나님의 자녀라는 기쁨을 확인했다.' 그다음은 없습니다. 그런데 그것은 그저 신앙의 출발점일 뿐입니다. 신앙의 진보는 보다 신학적인 노력에 의해서만 확보되는 것인데 이런 것들은 관심사가 되지 못합니다. 어느 간증 서적이든 다 똑같습니다. 각 개인의 인생살이가 다르니 구원에 이른 방식도 다양하지만, 내용의 핵심은 '내가 주님을 만났고 그래서 나는 행복하다!'라는 것입니다. 꼭 동화책 같은 줄거리입니다. '왕자와 공주가 결혼해서 오래오래 행복하게 살았더래요. 끝!' 이것만으로 기독교의 진정한 내용을 다 담아내기에는 턱없이 부족합니다. 지금 우리는 이런 형편에 놓여 있습니다. 복음주의적 지성은 복잡하거나 심각한 것보다는 간단하고 단순한 것을, 비판적 분석과 진지한 성찰보다는 영감과 열심을 취하는 경향이 있습니다.

신학적 노력을 경시하거나 배척하는 것은 기독교 복음의 메시지를 명확히 표명하고 옹호할 수 있는 지적 도구를 포기하는 것입니다. 인간에게는 감정도 있고 지성도 있습니다. 사람이 감정적으로 열광하고 자기 몸을 불사르게 내어 줄지라도 말을 제대로 할 수 없으면 쓸모가 없습니다. 우리가 기독교 신앙을 가지고 몸에 기름을 뿌리고 불붙이고 뛰어다니니까 모두들 우리를 미쳤다고만 생각하지, 예수를 믿어서 그렇다고 생각하지 않습니다. 우리는 생각할 줄 알아야 하고, 그것을 정리해서 사람들에게 말할 수 있어야 합니다.

하나님은 초월 영역의 하나님이실 뿐만 아니라, 자연을 만드신 하나님이시기도 합니다. 자연의 법칙 역시 하나님의 통치 법칙입니다. 생각한다는 것은 신앙적인 일입니다. 생각하지 않는 것은 신앙에 역행하는 것입니다. 우리는 하나님의 말씀을 듣고 생각해야 합니다. 그런데 이런 부분이 복음주의 운동의 특징에 따라 외면되고 있습니다.

체험만을 강조하고 교리와 신학에 무관심한 것은 복음주의에 심각한 위험을 가져올 수 있습니다. 복음주의 자체의 핵심과 정체성이 분명히 드러나지 못한 채 모호하게 되기 때문입니다. 이런 일을 우리는 잘 알고 있습니다.

한국 교회에는 많은 교파가 있는데 그 교파들 간의 차이는 무엇입니까? 신앙의 모습에서 그 차이가 모두 사라져 버렸습니다. 어느 교파, 어느 교회를 가든 모두 오순절 운동 스타일로 신앙생활을 합니다. 이것은 연합과 통일이 되었기 때문이 아니라 정체성이 사라져서 생겨난 현상입니다. 신앙적으로 수준이 더 높아져서 교파 간 울타리가 사라진 것이 아니라 정체성이 없어져서 울타리가 없어진 것입니다.

한국 교회는 특징과 본질을 혼동하고 있습니다. 복음주의에서도 특징과 본질은 서로 다른 것입니다. 복음주의의 본질은 종교 개혁에 뿌리를 둔 신학적 내용에서 찾을 수 있습니다. 반면, 특징은 시대마다 다른 것입니다. 지금의 복음주의자들은 행동주의나 회심 같은 특징을 기독교의 본질이라고 오해하곤 합니다.

전도와 선교는 복음주의의 대표적인 특징에 속하는 것입니다. 그러나 그것이 교회의 본질일 수는 없습니다. 교회는 예수 그리스도께서 그분의 몸으로 삼아 그리스도와 묶어 연합된 하나님의 백성이라는 점을 본질로 가지고 있습니다. 교회가 해야 할 본질적인 일은 기독교 신앙을 지키고 가르치고 보존하고 누리는 것입니다. 다시 말해, 구원과 영원한 승리를 가지며 생명과 진리와 믿음과 소망으로 그것을 가르치며, 자신의 존재와 삶을 나누는 곳이 교회입니다. 교회 갱신은 바로 이런 것을 지켜 내야 한다는 외침입니다. 하지만 우리가 생각하는 교회 갱신은 활동이나 도덕에 한정되고 맙니다. 그것보다 더 나아가야 합니다.

셋째, 현대 복음주의의 위기를 가져오는 것은 분파주의입니다. 복음주의는 그리스도의 복음에 기초한 신앙 갱신 운동이며 교회 개혁 운동이라고 했습니다. 그것은 교회 내에 있는 온갖 구별들, 이데올로기적인 차이, 파당적 분열, 계층 간의 구별을 모두 깨뜨려 그리스도 안에서 하나로 만들려는 운동입니다. 그러나 복음주의는 연합하기보다 자꾸 서로를 구별하고 서로의 차이를 강화해 가는 쪽으로 나아가고 말았습니다. 특징이 본질을 대신하고, 특징으로 서로를 판단하게 되었습니다.

장로교회는 교회의 본질적 활동을 교회의 '표지'(mark)라는 말로 정리하고 있습니다. 교회의 표지는 말씀의 선포, 성례의 집행, 권징의 시행입니다. 이것은 교회가 마땅히 행할 내용으로 신학적 기초 위에서 정리된 것입니다. 그런데 교회가 복음주의적으로 가게 되면, 본질이 아닌 특징에 기초하여 '교회는 이래야 한다'는 식의 정리를 하곤 합니다. 특징은 원래 다양하기 마련인데 특징을 본질로 오해하다보니 분파적 경향으로 잘못 나아가게 되는 것입니다. 특징과 본질이 오해되어 특징이 본질로 여겨지면 다양성은 사라져 버립니다. 다양성을 받아들이지 못하게 되니 교회 간에 친밀감도 없어지고 신자 간에 친밀감도 사라집니다.

복음주의의 영향을 깊이 받은 한국 교회에 속한 우리는 복음주의가 우리에게 남겨 놓은 고민을 안고 있습니다. 우리는 세상을 향해서나, 같은 신자들 사이에서나 신앙적 대화를 나눌 만큼의 실력이 없다는 것을 스스로에게서 발견하게 됩니다. 여기에 우리가 맡은 과제가 있습니다. 주께 인도함을 구하여야 할 기도 제목이기도 합니다. 한국 교회가 더 복을 누리기 위해 하나님이 우리 앞에 놓아두신 숙제라고 할 수 있습니다. 오늘 우리의 책임이 이 과제를 풀어 가는 데에 있습니다.

한국 교회가
나아갈 길

06

7 우리는 그리스도 안에서 그의 은혜의 풍성함을 따라 그의 피로 말미암아 속량 곧 죄 사함을 받았느니라 8 이는 그가 모든 지혜와 총명을 우리에게 넘치게 하사 9 그 뜻의 비밀을 우리에게 알리신 것이요 그의 기뻐하심을 따라 그리스도 안에서 때가 찬 경륜을 위하여 예정하신 것이니 10 하늘에 있는 것이나 땅에 있는 것이 다 그리스도 안에서 통일되게 하려 하심이라 (엡 1:7-10)

한국 교회가 나아갈 길

우리는 앞 장에서 한국 교회의 복음주의적 신앙 풍토에 관해 생각해 보았습니다. 복음주의의 특징으로 '회심', '체험', 신앙 실천의 '열정' 같은 점들이 열거될 수 있음을 살펴보았습니다. 이와 같은 복음주의의 특징들이 복음의 본질을 대신하는 부작용을 낳고 있음도 언급하였습니다. 그와 같은 부작용이 한국 교회 안에 구체적으로 어떻게 나타나고 있는가를 생각하는 가운데 우리의 현실에 대해 함께 고민해 보았습니다.

복음주의에서 비롯된 가장 우려될 만한 부작용은 '신학의 실종'이라고 할 수 있습니다. 체험과 열정 같은 특징들이 본질을 대신하고 있는 탓에 신학이 실종되어 버렸습니다. 신학의 실종이란 믿는 내용에 대한 총체적인 이해를 하지 못한 채, 개인의 관심에 따라 어떤 부분에만 치중하게 되어 신앙의 양상이 균형과 조화를 이루지 못하는 것을 말합니다. 이와 같은 신학 실종의 현상은 한국 교회의 이곳저곳에서 이미 발견되고 있고, 앞으로도 더 커다란 문제를 일으킬 것으로 우려됩니다.

한 개인의 신앙을 점검할 때나 어느 교회의 신앙 수준을 가늠할 때, 우리는 신학적인 내용보다는 열심과 뜨거움이라는 기준을 먼저 사용하고 있다는 점을 인정하게 됩니다. 동일한 내용의 신앙 고백을 하더라도 목소리가 떨리고 얼굴이 변해야 더 믿을 만하다고 생각하지, 감정적 격앙이 동반되지 않는 고백에 대해서는 믿어 주지 않는 것이 우리의 통상적인 분위기가 되고 말았습니다. 신학의 실종은 이런 분위기의 결과이면서 동시에 이런 현상을 강화합니다.

신학의 실종은 복음주의에서 드러나는 몇 가지 특징적 상황들과 관련됩니다. 믿음의 초점이 하나님에게서 믿는 사람 개인에게로 옮겨 가게 되어 신앙은 주관적인 문제로 여겨지게 되었습니다. 이런 탓에 심리주의적인 설교가 설교의 대종을 이루게 됩니다. 이와 함께 설교는 실용주의적인 메시지들로 채워집니다. 반면 설교에서 신자의 상황에 대한 깊고 명쾌한 분석은 별로 없어지고, 혹 있다고 해도 청중들은 그런 메시지를 듣기 힘겨워합니다.

이렇게 단순화되고 원색화된 분위기 속에서는 신앙에 대해 깊이 있게 따져 총체적인 해답을 이끌어 내거나 신앙의 여러 국면들을 질서 있고 조화롭게 설명해 가는 일이 늘 홀대받게 됩니다. 이런 일의 예는 신학교에서도 쉽게 찾을 수 있습니다. 신학교에는 복음에 대한 감격과 열정을 가지고 들어오는 학생들이 많습니다. 복음에 대한 열정이 하나님의 종이 되어 자신의 생애를 바치겠다는 결심에 이르게 했을 것입니다. 그런데 이런 사람들이 신학교에서 공부하면서 신앙을 잃는다고 느끼게 됩니다. 신학 대학원을 다니면서 성경 한번 제대로 볼 틈이 없다고 생각합니다.

성경 원어인 헬라어와 히브리어를 배우느라, 조직 신학을 배우고 여러 신화 사조들을 비판하느라 감격적인 순간을 갖지 못한다는 뜻일 것입니다. 그래서 '신학교에 가면 신앙을 잃는다'는 말이 격언처럼 떠돌곤 합니다. 그런데 이 표현이야말로 복음주의의 약점을 그대로 드러내는 것입니다. 신학이란 '내가 좋아하는 것, 내가 감격하는 것'으로만 구성되어 있는 것이 아니기 때문입니다.

개인적으로 관심이 덜 가고, 잘 모르겠고, 어려운 것까지 다 배워야 하는 것이 신학입니다. 신학 공부를 하면서 신앙의 열정을 불러일으킨 '회심'과 '전도'만을 다룰 수는 없습니다. 신자가 믿음으로 받아들이는 내용을 모두 숙지하고, 그것을 믿지 않는 이들에게 조리 있게 설명하는 변증까지 익혀야 하는 것입니다. 그래야 우리가 믿는 신앙의 총체적인 내용을 알게 됩니다. 그런데 신앙의 내용을 감격이나 열심으로 동의한 내용으로 축소하고 나니 신학은 재미없는 것이고 따분하다는 생각만 하게 됩니다. 더 나아가 '신학이 무슨 소용이 있어?' 하는 표현까지 나오는 현실에 이르렀습니다.

신학의 세 가지 요소

총체적인 신학이란 어떤 것인지 생각해 볼 필요가 있습니다. 신학에는 세 가지 요소가 있습니다. 첫 번째는 고백적 요소이고, 두 번째는 그 신앙 고백에 대한 성찰이며, 세 번째는 이 두 요소에 기초한 미덕의 개발, 소위 '영성'이라는 것입니다.*

---

* 이에 대한 더 자세한 설명을 위해서는 데이비드 웰스의 《신학 실종》 151-164쪽을 참조하십시오.

첫 번째 요소를 '신앙 고백'이라고 부를 수 있습니다. 신앙 고백이란 교회가 믿는 내용을 가리키는데 그 내용은 교리에 농축되어 있습니다. 이를테면 '우리는 유일하신 하나님을 믿는다! 우리는 유일하신 구원자 예수를 믿는다!' 이런 것들이 신앙 고백입니다.

이런 고백의 내용은 진리로서 권위를 지닙니다. 고백에 담긴 권위는 사람들의 논의를 통한 합의나 결의에 의해 결정된 것이 아닙니다. 신앙 고백이 갖고 있는 권위는 하나님으로부터 주어진 계시라는 점에서, 하나님이 교회에 명령과 약속으로 허락하신 것이라는 점에서 그 유래를 찾을 수 있습니다. 이 권위적인 진리는 신자의 생활과 신앙의 실천에서 중심에 자리합니다.

내가 신앙 고백의 권위를 받아들일지 말지는, 믿음을 가질 것인지 말 것인지의 문제입니다. 다시 말해, 믿음을 갖는다는 것은 신앙 고백의 전체 내용을 받아들이는 것을 말합니다. 믿음을 갖기로 하면 믿음의 세부 내용들을 개인적으로 선택할 권리는 없습니다. 믿음의 내용은 하나님이 성경의 기록을 통해 우리에게 요구하신 것이지, 우리와 합의하여 정하신 것이 아닙니다.

신앙 고백의 내용이 없다면, 하나님의 백성으로 모여 있는 교회는 붕괴되고 맙니다. 교리가 없다면, 성경에 하나님이 주신 권위적인 내용이 없다면, 그래서 우리가 신앙으로 고백할 것이 없다면, 교회는 하나님의 백성일 수 없게 됩니다. 믿음도 예배도 무의미한 일이 되며 전도와 선교, 구제와 봉사도 모두 목적 없는 것이 되고 맙니다. 신앙생활의 이 모든 것은 권위적인 교리들, 즉 신앙 고백 위에서만 나올 수 있는 것들입니다.

신학의 두 번째 요소는 신앙 고백에 대한 성찰입니다. 이것은 권위적인 신앙 고백의 내용을 명령과 법조문 같은 것으로서가 아니라 하나님의 말씀으로서 받는 것과 관련됩니다. 신앙 고백에 담긴 뜻을 이해하고자 할 때에는 지적 싸움이 동반된다는 점이 여기에 내포됩니다.

신앙 고백을 그저 외우고 반복한다고 해서 신학이 되는 것이 아닙니다. 믿음의 내용을 이해하고 그에 항복하는 일, 그렇게 하여 믿음의 내용을 실제로 갖게 되는 일이 신학에 들어 있습니다. 이와 같은 성찰을 통해 하나님의 계시 속에서 그분의 성품과 의지가 확인되고 그분의 의도가 드러나게 됩니다. 지난날 하나님이 교회 가운데서 일하시고 역사하신 사실로부터 교회의 현실을 다시 이해하는 일, 과거의 영적 부요를 모음으로써 현재의 문제를 절대시하지 않고 객관화하여 바라보는 일, 이런 것들이 모두 반성적 성찰 속에 있습니다.

신학의 세 번째 요소는 '삶의 지혜' 혹은 '영성'이라고 부를 수 있습니다. 이것은 기독교적인 실천이 신앙 고백의 기둥 위에 건설되어 성찰의 발판을 둘러싸게 만드는 것을 말합니다. 이것이 '영성'입니다.

영성이라는 것은 세속적인 것에서부터 구별되기 위해 물질세계를 외면하고 신비와 초월을 추구하는 것을 가리키지 않습니다. 그것은 신앙 고백이 갖는 힘과 내용을 우리의 존재와 생애와 우리가 사는 세상에 담아내는 지혜와 실력을 뜻합니다.

이 영성은 기독교적 실천과 삶이라는 문제를 기법의 문제로서가 아닌 진리와 진실의 문제로 보는 것을 말합니다. 영성은 열심, 정열을 동원하는 기법이나 방법의 문제가 아닙니다. 진리를 담아내고 있는가, 진실을 담아내고 있는가에 대한 문제입니다.

여기서 우리는 오해하기 쉽습니다. 영성은 신앙을 원색적으로 표현하는 것으로 생각되곤 하는데, 그 예로 회사에서 신우회를 만들어 활동하는 것이 좋은 신앙의 표현으로 여겨지는 일을 생각해 볼 수 있습니다. 하지만 영성이 있다면, 우리는 신앙을 표현하기 위해 이렇게 세상의 일과 주님의 일을 구분하는 것으로 나아가지 않을 수 있습니다. 비록 월급을 받고 회사에서 일하지만, 회사의 일을 마지못해 하는 것이 아니라 주를 섬기듯이 하는 것, 바로 이런 것이 영성이 있을 때 할 수 있는 일입니다. 여기에서 지혜와 실력이 확인됩니다. 이런 실천은 우리의 신앙 고백이 신학적 성찰을 통하여 현실 속에서 녹아 나와 발휘되어야만 만들어질 수 있습니다.

생각과 실천이 연합해서 만들어지는 것이 영성입니다. 신념이나 생각이 실제 삶과는 따로 놀 때가 많이 있습니다. 하지만 영성이 있을 때, 고백과 소원이 실천되며 그 실천은 생각을 담아내게 됩니다. 이것은 상당히 높은 수준의 일로서 한국 교회에 부족한 부분이기도 합니다. 삶의 정황과 시대의 정신과 풍조가 때마다 달라지는 가운데 우리의 삶 속에 믿는 바를 제대로 담아내야 하는 과제는 우리에게 굉장한 실력을 요구합니다.

이런 면에 있어 한국 교회는 아직도 신앙적 실력의 깊이가 깊지 않습니다. 이런 현실에 가슴이 아프지만, 우리의 모습을 제대로 파악하기 위해 이런 점을 직시해야 합니다.

얼마 전까지만 해도 우리는 '예수 천당!'이라는 것 외에는 우리의 신앙을 증명하고 자랑할 방법을 알지 못했습니다. 최고의 신앙은 신앙 때문에 죽는 죽음으로만 확인될 수 있다고 여겨졌습니다. 오랫동안 널리 읽혔던 책의 제목처럼 '죽으면 죽으리라'는 고백이야말로 가장 높은 수준의 신앙 표현이라고 생각했습니다. 하지만 죽는 것 자체가 신앙은 아닙니다. 죽음을 앞두고도 신앙을 포기할 수 없다는 고백의 내용은 물론 옳은 것입니다. 그러나 죽음으로밖에 신앙을 증명할 길이 없다면, 후손들에게 어떻게 신앙을 전달할 수 있겠습니까? "너희들은 잘 믿어라!"라는 유언을 남기고 죽으면 되는 겁니까? 그렇지 않습니다. 살아서 발휘할 수 있는 신앙의 내용을 채워 넣지 못한다면, 신앙은 삶에 끼칠 영향력을 갖지 못하게 됩니다.

한국 교회가 신앙을 드러내는 또 다른 방식으로 중요하게 생각하는 것은 전도입니다. 교인들은 늘 전도의 중요성에 대해 듣고 그 일을 독려받습니다. 전도 자체는 주께서 명하신 귀중한 일임에 틀림없습니다. 하지만 진심 어린 신앙을 표현하는 유일한 방법으로 전도밖에 갖지 못했다는 점 역시 지적되어야 합니다. 예수를 믿는다는 것이 얼마나 부요한 내용을 담은 것인지 인식하지 못한 채, 예수를 믿으라고만 되뇌어 왔던 것입니다.

앞서 말한 의미에서의 영성이 존재할 때에만 주어진 상황 속에서 그리스도인이 된다는 것이 무엇인지를 알 수 있는 지혜가 생겨납니다. 이렇게 될 때 신자의 싸움은 원색적이고 감격으로 이루어지는 것을 넘어 예수 믿는 일을 더 넓고 크고 높고 깊이 채우는 일이 됩니다. 이것이 우리에게 맡겨진 싸움입니다.

신앙 고백의 실종

이번까지 여섯 번에 걸쳐 이루어진 이 메시지는 크게 세 부분으로 구성되었습니다. 첫 번째 부분은 합리주의로 대변되는 근대성의 대두에 따라 생겨난 문제들, 두 번째 부분은 현대화로 인한 다원주의 사회의 도래와 그로 인한 문제점들, 세 번째 부분은 복음주의를 검토함으로써 한국 교회를 이해하는 것을 그 내용으로 하고 있었습니다. 그로부터 합리주의와 현대성의 영향으로 인해 우리 시대는 '절대'에 대한 심한 거부감을 갖게 되었다는 점이 지적되었습니다. 계몽주의와 합리주의라는 지성적 측면의 영향과 현대화로 인한 다원주의와 세속성이라는 사회 현상에서 비롯된 영향으로 인해 우리 시대에는 믿음의 선조들이 면면히 받아들여 온 신앙 고백 자체가 사라지게 되었습니다. 신앙 고백이 사라지고 난 뒤 교회는 어떤 형편에 놓이게 되었습니까?

일단 신앙 고백이 사라져 버리자, 신학의 두 번째 요소인 성찰은 새로운 대상을 찾아 나섭니다. 신학적 성찰이란, 원래 신학의 첫 번째 요소인 신앙 고백에 대한 성찰이었습니다. 하지만 신앙 고백이 사라지자, 연구하고 고민할 대상이 사라지게 되었습니다. 그래서 새로운 대상, 새로운 주제를 찾아 나섭니다. 성경이라는 하나님의 말씀을 성찰의 대상으로 여기지 않으니 온갖 것들을 다 성찰의 대상으로 여기게 됩니다. 동양적 영성에서 급진 정치학에 이르기까지, 페미니스트 이데올로기에서 생태적 문제에 이르기까지 모든 것이 신학적 성찰의 대상으로 거론되기 시작합니다. 한국 사회에서 찾을 수 있는 대표적 사례는 '민중 신학'입니다. 성찰할 대상을 잃고 나자 사람들은 성찰할 대상을 직접 만들어 내기 시작한 것입니다. 그렇게 만들어진 것들은 신학적이라기보다는 사회적인 이슈들이었습니다. 사회 안에서 일어나는 모든 것들, 이를테면 환경, 계급, 인종 같은 것들이 신학의 주제가 되고 말았습니다.

신앙 고백은 세계의 역사와 인간의 인생을 설명하는 우리네 삶의 전 영역을 담아내는 내용을 담고 있습니다. 하지만 그와 같은 신앙 고백을 잃어버리자 신학은 왜소해져서 조그마한 주제들에만 관심을 두게 됩니다. 노동, 여성, 환경 등과 같은 주제들은 우리에게 필요한 것들입니다. 하지만 그것들이 신학의 중심 내용이 될 수는 없습니다.

이런 흐름 속에서 교회는 더 이상 신앙 고백의 내용을 삶의 지표로 삼지 않고 심리학적 치료책만을 제시하게 됩니다. 설교가 심리학화되면서 기독교 신앙의 내용과 의의 역시 개인적 차원으로 축소되어 버렸습니다. 세계와 인생 모두를 앞에 놓고 고민하던 신학적 성찰은 한 개인의 자아에 대한 관심사로 그 폭이 줄어들었습니다. 교인들은 하나님이 세상을 어떻게 통치하시며 내 인생을 어떻게 끌고 가시는지에 관심을 두지 않고, 오로지 심리적 만족만을 기대하게 된 것입니다.

이제 신앙 고백의 내용은 주관적인 것으로, 개인적 체험과 기호로 축소되었습니다. 하나님의 일하심 속으로 부름을 받아 하나님을 알고 예수 그리스도 안에서 충만함을 누리게 되는 삶에 대한 신앙 고백은 없어지고, 각자의 개인적 신앙 고백만이 남게 되었습니다. 그 개인적 신앙 고백의 내용이란 '네가 원하는 복을 받아라!' 하는 것을 근본 내용으로 담고 있습니다. 건강이든 성공이든 합격이든 사람마다 복의 내용은 다를 테지만, 결국 개인적으로 바라는 복을 받는 것에 공통점이 있습니다. 이것은 신학이 실종된 탓입니다.

목회자들 역시 현대성이 높게 여기는 가치를 실현하고자 애쓰고 있습니다. 현대의 문화가 가장 칭찬하며 감탄하는 두 가지 유형인 전문 경영인과 심리학자라는 모델에 맞추어 목회 사역을 새롭게 정의하고 있습니다. 목사들은 경영자이자 심리학자가 되고 말았습니다.

이런 추세 속에서 신앙의 실천이 무엇을 의미해야 하는지도 새롭게 정의됩니다. 현대성이 부여한 가치가 신앙적 지혜를 대신하게 됩니다. 신앙 고백의 전통적 내용이 거부되고 신앙의 실천 역시 현대의 것으로 대치되면서 신학은 축소되어 버립니다. 그나마 전수되어 오던 신학의 내용마저도 과거에나 통하던 것으로 치부되고 맙니다. 신학에 남아 있는 것은 모두 과거의 지혜가 남긴 빈껍데기뿐입니다. 이것이 바로 신학의 축소 과정입니다.

다시 정리해 보자면, 신학에서 성찰은 그 대상을 잃어버렸고, 실천은 개인의 자기만족을 위한 것으로만 축소되어 버렸습니다. 이로써 빚어질 결과를 생각하면 겁이 날 정도입니다. 과연 한국 교회가 30년 후에도 남아 있을지 우려됩니다. 하지만 어느 시대에나 기독교는 좋은 형편에 있었던 적이 없습니다. 하나님이 개입하셔서 교회의 신앙 고백을 존속시켜 오고 계신다는 것을 교회사를 통해 알 수 있습니다. 그런 믿음 속에서 좀 더 부요하며 올바른 신앙의 내용과 실천을 위해 이 문제를 함께 나누고 있습니다.

신학은 고백에서 성찰을 거쳐 실천에 이르는 과정 전체를 아우르고 있습니다. 그런데 신앙 고백이 무너지자 성찰은 덜 중요하거나 본질적이지 않은 주제들을 찾아 나서게 되었습니다. 그리고 성찰이 신앙 고백을 대상으로 하지 못하자, 실천에 속하는 영성이라는 것을 찾아볼 수 없게 되었습니다. 그나마 남아 있는 신앙 고백의 내용마저도 성찰을 거치지 않아 경직되어 원색적인 형태로만 존재하게 되었습니다.

한국 교회의 신앙 고백과 신앙 실천인 영성은 원색적이고 경직된 데서 그 특징을 볼 수 있습니다. 자주 언급했듯이 '구원의 확신이 있습니까?'밖에는 물어볼 줄 모릅니다. 교회에 대해서는 '선교사를 몇 명 파송했는가? 선교비는 예산에 얼마나 책정되어 있는가?'만 묻습니다.

생텍쥐페리의 《어린 왕자》에 있는 내용을 앞서 소개한 바 있습니다. 어느 집을 설명할 때, '그 집은 벽돌로 예쁘게 지어져 있고, 그 앞에는 잔디밭이 깔려져 있지. 저 모퉁이에는 수선화가 피어 있고, 창가에는 예쁜 꽃이 놓여 있어' 하고 말하면 어른들은 전혀 못 알아듣습니다. 그런데 '그 집은 30억 짜리야' 하고 말하면 금방 알아듣습니다. 우리가 지금 그런 모양이 되었습니다.

교회에 대해서도 '그 교회에는 몇 명이나 모이는가? 어떤 일들을 벌이는가? 예산은 얼마인가?' 하는 질문에 대답해야 알아듣게 되었습니다. '그 교회는 정말 영성이 살아 있는가? 그 교회의 교인들은 신앙 생활을 제대로 하는가?' 하는 것은 묻지도 않고 궁금해하지도 않습니다. 양적으로 큰 규모인지 아닌지를 확인하고서는 모두들 공허해할 뿐입니다. 남에게 자랑은 하지만, 그것으로 자신이 만족해하지도 못합니다. 그러면서도 그것 말고는 할 줄을 몰라서 끊임없이 자신이 속한 교회를 자랑하고, 또 자랑할 수 있는 교회로 만들기 위해 보이는 것들을 치장하는 일에 매진하고 있습니다.

복음주의는 신학적 성찰이 현학적 토론에 빠지는 것을 늘 경계해 왔습니다. 신학이 이론화되고 관념화되어 실천의 힘을 상실하게 될까 경고하며, 신앙의 실천인 영성이 갖는 역동성을 강조해 왔습니다. 그런데 신앙 고백과 성찰이 무너지게 되자 늘 강조되어 온 신앙의 실천은 대중성, 상업성, 실용성을 수용하여 변모하게 됩니다. 깊이 성찰하며 누려야 할 하나님의 약속을 상실하자 신앙의 실천은 인간의 바람을 이루는 일로 채워집니다. 사회적인 요구나 개인의 주관적 만족 외에는 지향할 목표가 사라지게 된 것입니다.

이런 일은 우리에게서도 흔히 발견됩니다. 한국 교회에는 '할렐루야!'라는 말이 만연해 있습니다. 우리가 그 말을 하는 것은 하나님이 세상의 주인으로 모든 성도의 삶을 다스리신다는 그분의 주권과 은혜에 대한 찬송과 고백입니까, 아니면 단지 개인의 소원 성취와 문제 해결을 위한 수단으로 사용되는 외침에 불과합니까?

신학적 성찰이 사라지자 신학의 본질은 빠진 채, 특징들이 본질을 대신해 버렸습니다. 교회 밖에 내붙이는 집회 안내 플래카드를 보면 은사, 치유, 성령 충만, 기도 응답과 같은 말들이 집회라는 말 앞에 붙습니다. 이것은 신앙의 본질이라기보다는 다양한 국면 가운데 하나를 가리키는 말들입니다. 모두 수식어임에도 이것들은 궁극적으로 추구해야 할 신앙의 본질인 것처럼 받아들여지고 있습니다. 본질은 없어졌습니다. 신앙생활에서 추구하는 것들이 우리 입맛에 맞는 것처럼 느껴지면서도 영혼 깊은 곳에 이르는 만족을 경험할 수 없습니다. 본질을 잃고 나면 교회는 교회일 수 없습니다. 신앙 고백이 빠지면, 교회는 교회일 수 없고 성도들은 성도일 수 없게 됩니다.

결국 이러한 문제들은 현대 복음주의가 세속화된 데에서 기인합니다. 교회 전체가 세속화되면서 우리는 신앙의 근본을 놓치게 되었습니다. '교회가 세속화되었다'라는 말은 인간을 만물의 척도로 삼는 세속적 휴머니즘이 기독교의 기준으로도 자리 잡게 되었음을 가리킵니다. 앞에서도 언급했듯이 하나님과 자아에 대한 견해가 바뀌었습니다. 하나님이 주인이 아니라 우리가 주인이 되었고, 하나님은 우리의 소원을 이루어 줄 수 있는, 우리보다 더 큰 힘을 가진 종처럼 여겨지게 된 것입니다.

세속화된 기독교는 인간 본성에 대한 성경의 가르침을 부인합니다. 죄인이라는 말을 부인하고 자기중심적 개인주의와 세속적 자율성을 신앙의 원리로 삼습니다. 대표적인 예가 '적극적 사고방식'입니다. 적극적 사고방식은 믿음과는 다른 것입니다. 믿음에서 중요한 것은 믿음의 대상입니다. 그러나 적극적 사고방식은 자신을 가장 중요하게 생각합니다. 이것이 목표로 하는 것은 자신을 격려하는 일입니다.

'할 수 있어! 할 수 있거든이 무슨 말이냐? 믿는 자에게는 능치 못할 일이 없느니라!'라는 성경 구절을 인용한 말을 자주 듣습니다. 이 말은 믿음의 대상이신 하나님은 무엇이든지 하실 수 있다는 믿음을 표현하는 것입니다. 그런데 지금은 '할 수 있거든이 무슨 말이냐?'라는 말을 자기 자신에게 합니다. 하나님 앞에 기도하는 것이 아니라 스스로에게 기도합니다. '너는 할 수 있어!'라고 자신에게 이야기하는 것입니다. 통성 기도도 이런 식으로 잘못 사용되곤 합니다. 통성 기도는 하나님이 들으시라고 하는 것처럼 보이지 않습니다. 아우성을 쳐서 잡념을 물리치고, 이와 함께 정상적인 사고 체계를 무너뜨려야만 뭔가 이루어질 수 있다는 생각이 깔려 있습니다. 이것은 자기 최면에 불과합니다.

또 다른 예는 율법과 자기 성취 사이의 혼동입니다. 율법은 하나님이 요구하시는 신앙적 삶의 방법이자 내용입니다. 이것으로 하나님은 신자에게 순종을 가르치고자 하십니다. 그러나 자기 성취는 하나님의 거룩한 요구이기 때문이 아니라 내 소원, 내 요구, 내 확인을 목적으로 하여 열심을 내는 것을 말합니다. 기독교는 더 이상 하나님의 종교가 아니라 믿는 자들의 종교가 되어 가고 있습니다.

그뿐 아니라 기독교의 가장 중요한 가르침을 담고 있는 '죄', '은혜'와 같은 말들도 성경과는 다른 뜻으로 사용되고 있습니다. 죄란 무엇입니까? 죄란 하나님과 분리된 것, 하나님 없이 사는 것을 말합니다. 그러나 현대인에게 죄란 자신을 과소평가하고 자신을 부정적으로 보는 것이라고 여겨집니다. 그래서 '죄책감에서 벗어나라'는 말을 자주 듣게 됩니다.

이런 여파로 윤리나 도덕이 무너지고 있습니다. 요즘 드라마가 그려 내는 인생은 어떤 것입니까? 부부 사이에 문제가 생긴 경우, 예전의 드라마에서는 한쪽이 잘못했다고 그려 냈습니다. 바람피운 남편이 잘못한 것이었습니다. 하지만 요즘에는 잘못한 사람이 없어졌습니다. 이제는 자리를 지키는 부인이든, 바람피운 남편이든, 심지어 남의 남편을 빼앗은 여자마저도 떳떳한 인생을 살아가는 것으로 묘사됩니다. 나름의 이유가 있는 인생이니 정죄할 수 없다고 여겨집니다. 죄에 대한 기준 자체가 거부되고 있는 것입니다. 우리가 이런 문화 속에 살고 있습니다.

정체성의 위기

복음주의의 영향 아래 있는 한국 교회가 지금 맞고 있는 위기는 한마디로 정체성의 위기라고 할 수 있습니다. 신학의 실종이라고 불리는 현재의 문제는 어떤 한 부분이 잘못되어 벌어진 일이 아닙니다. 목회자나 신자 개인이 저지른 잘못만도 아닙니다. 모두들 진심으로 자기 몫을 다한다고 생각하는데도, 심각한 문제에 직면해 있는 것입니다. 아무리 많은 수고와 노력을 들인다고 해도 방향이 잘못되면, 의미 없는 일에 지나지 않습니다. 한국 교회는 이같이 모든 것을 무위로 돌려 버릴 수 있는 정체성의 문제에 직면해 있는 것입니다.

복음의 본질은 무엇입니까? 복음을 들여다보면 하나님의 능력과 은혜와 약속을 찾을 수 있습니다. 하지만 '구원을 베풀다', '복음이 사람을 복되게 한다'는 것들은 결과라고 할 수 있습니다. 본질은 하나님이 구원의 일, 곧 그 아들을 보내사 우리에게 복을 주셔서 우리를 구원하시고 당신의 자녀로 삼으시는 일을 시작하셨고, 지금도 하고 계시며, 그 일을 기어코 이루실 것이라는 데에 있습니다. 이 점이 결과들 속에 묻혀 버리면 안 됩니다. 바로 이 복음의 본질 속에 하나님이 누구신지와 우리의 현실이 무엇인지에 대한 해답이 들어 있습니다.

이것을 놓치면 신학은 고백과 성찰을 놓친 채, 인간의 다른 학문들과 같아져 버립니다. 사회학적인 관심만 담기거나, 개인적이고 심리적인 것들로만 채워집니다. 물론 이런 문제들도 중요한 것이고, 하나님은 우리 일상의 다급한 필요들에도 응답하십니다. 그렇다고 그런 문제들이 복음의 본질, 신앙의 핵심 내용이 될 수는 없습니다. 우리가 신자로서 하나님에게 우리의 필요와 우리의 행로에 대한 보호와 인도를 요청하며 그에 대한 응답을 받는 것은 당연한 일입니다. 하지만 이것이 신학의 본질은 아닙니다.

복음이 우리에게 가르치는 바는 하나님이 우리를 사랑하신다는 사실입니다. 우리는 하나님의 백성이 되어 하나님의 인도하심과 보호하심을 받습니다. 하지만 우리는 '내가 얻은 복을 너도 얻고, 내가 한 경험을 너도 해라' 하는 식으로 본질을 왜곡해 버립니다.

복음의 본질은 신학에서 찾을 수 있으며, 신학에 담긴 내용은 개인의 영혼이 확인하게 되는 것입니다. 하지만 이 확인은 복음의 근거가 아니라, 복음의 결실이자 증거입니다. 개인의 감격과 헌신 위에 복음이 세워진 것이 아니라, 하나님의 은혜로우심과 신실하심 위에 복음이 세워져 있습니다. 우리는 그것을 믿어 하나님의 은혜를 경험하게 됩니다.

우리 각자의 경험은 신학의 전체 내용 중 어느 한 부분과 관계된 것입니다. 우리가 경험한 것이 신학의 전부라고 하면 곤란합니다. 작은 부분을 경험함으로써 아직 경험하지는 못했으나 성경에 약속되어 있는 복음의 모든 내용들, 하나님의 약속들을 소유하는 신학적 성찰이 우리에게 필요합니다.

신자 한 명, 한 명이 신학적 성찰을 따로따로 할 필요는 없습니다. 하지만 신학적 성찰을 하는 지도자의 가르침을 따라 복음의 모든 내용을 소유해야 합니다. 이 점에 대한 사례로서 베드로의 고백을 볼 수 있습니다.

> 시몬 베드로가 대답하여 이르되 주는 그리스도시요 살아 계신 하나님의 아들이시니이다 예수께서 대답하여 이르시되 바요나 시몬아 네가 복이 있도다 이를 네게 알게 한 이는 혈육이 아니요 하늘에 계신 내 아버지시니라 또 내가 네게 이르노니 너는 베드로라 내가 이 반석 위에 내 교회를 세우리니 음부의 권세가 이기지 못하리라 내가 천국 열쇠를 네게 주리니 네가 땅에서 무엇이든지 매면 하늘에서도 매일 것이요 네가 땅에서 무엇이든지 풀면 하늘에서도 풀리리라 하시고
> (마 16:16-19)

교회는 베드로의 신앙 고백의 열정 위에 서는 것이 아니라, 그가 한 고백의 내용, 즉 주님은 구원자이시며 하나님이시라는 사실 위에 섭니다. 그런데 여기서 우리는 잘못된 방향으로 나아가곤 합니다. 교회가 베드로의 신앙 고백 위에 선다는 말이 교회는 베드로가 주먹을 쥐고 혈서를 쓰면서 '주는 그리스도시요 살아 계신 하나님의 아들이십니다'라고 한 열정 위에 세워진다는 식으로 오해되고 있습니다.

그래서 예전부터 '이 나라를 제게 주십시오, 세계를 제게 주십시오' 하는 식으로 기도해 온 것인지도 모릅니다. 이런 기도는 한국 교회의 열심 있는 성도들이 하는 기도였습니다. 하지만 이것은 굉장히 위험한 기도입니다. 왜냐하면 아는 것 없이 힘만 가지는 일은 매우 위험하기 때문입니다.

바른 신학적 토대 위에 복음주의가 설 때에만 복음주의의 다양한 특징들이 질서 있게 조화를 이룹니다. 이때 생겨난 다양성은 본질의 차이가 아니라 특징의 차이일 뿐입니다. 어떤 이에게는 구원받은 기억이 체험적 사건으로 확인되기도 할 것입니다. 또 어떤 이는 그런 사건 없이도 동일한 신앙 고백을 할 것입니다. 하나님이 각 사람을 항복시키는 과정이 다르기 때문입니다. 바른 신학적 토대 위에서는 이런 차이가 신앙상 특징들의 다양성을 드러낼 뿐 누가 옳고 그른가를 확인하기 위한 획일적 기준이 되지 않습니다.

또 바른 신학 위에서는 어떻게 하나의 신앙 고백 속에 여러 국면들이 담겨 있는지도 깨닫게 됩니다. 이를테면 신앙 고백 속에는 국어, 수학, 사회, 과학, 음악, 미술, 체육 등이 다 들어 있는 것입니다. 그런데도 우리는 누가 국어를 가르치면 모두 국어를 배워야 한다고 하고, 누가 수학을 가르치면 우리가 배울 것은 수학뿐인 것처럼 몰려들기도 합니다. 신학에 여러 내용이 들어 있다는 점을 모르는 사람은 지금 눈앞에 보이는 것만이 유일한 본질인 것처럼 믿고 행동하게 됩니다. 그렇게 되면 하나의 특징이 본질화되고, 그 특징은 신앙을 가름하는 기준으로 작동하게 됩니다. 자신과 동일한 특징을 가지지 않으면 잘못된 것이라고 비판하고 이어서 싸움이 일어납니다. 분파주의가 이렇게 생겨나는 것입니다. 복음주의의 주관적 열정과 특징이 본질로 여겨지면서 다양함과 풍성함은 사라지고 무질서와 혼란, 대립과 반목을 낳았습니다.

교회의 본질

교회는 기독교 신앙의 정수를 담은 공동체입니다. 교회는 주님의 몸이며 새로운 피조물이고 주님의 충만으로 존재하는 신비입니다. 따라서 교회의 근본적인 활동은 경배와 찬양입니다. 다시 말해, 예배입니다.

교회의 본질적이며 근본적인 활동이 예배라는 점은, 하나님의 하나님 되심 위에서 교회가 성립되었으며 교회의 정체성 역시 예배에서 찾을 수 있음을 말하는 것입니다. 하나님이 우리 인류를 향해 가지신 목적과 베푸신 은혜로 교회가 생겨났습니다. 복음의 본질이 그렇듯이 교회의 본질도 하나님이 우리의 아버지가 되시고 우리를 자녀 삼으시고 구원을 베푸셨다는 데에서 찾아야 합니다. 하나님이 사랑으로 허락하신 충만이 교회입니다. 그러니 교회의 근본적 활동은 예배일 수밖에 없습니다.

교회에서는 하나님이 영광을 받으셔야 합니다. 예배는 우리가 하나님에게 예물을 드리고 그분을 찬송하여 하나님을 치장하는 것을 뜻하지 않습니다. 예배는 교회의 본질을 유지하고 교회가 존재로서 달라야 한다는 점을 확인시켜 줍니다. 교회는 근본적으로 하나님의 백성으로서 변화된 새 생명, 의와 진리의 거룩함으로 지음을 받은 새 존재라는 구별됨이 있는 곳입니다. 이런 존재의 차이에서 구별된 활동이 나오게 되는데 그것은 구제, 봉사, 전도, 선교와 같은 것입니다.

그러나 지금은 활동이 본질처럼 되어 버렸습니다. 이를테면 전도하는 일이 교회의 본질이 되어서 전도가 신앙이며, 전도하지 않는 교회는 교회가 아니라고까지 말하게 되었습니다. 물론 이 일은 교회가 해야 할 중요한 의무입니다. 하지만 전도가 교회의 근본적인 활동이 될 수는 없습니다.

교회는 무엇을 하기 전에 그것을 할 수 있는 존재로서 누리는 만족과 감격과 항복이 있어야 합니다. 한국 교회의 문제는 존재로서의 본질을 확보하지 못한 채로 어떤 일을 해내느라 몰두하는 데에 있습니다. 새로운 존재가 되는 데서 오는 만족감이 없습니다. 종교적 만족과 기쁨이 있는 것 같지만 활동을 그치면 새로운 정체성에서 비롯되는 만족이 없습니다.

그래서 교회는 끊임없이 교인들에게 일을 시키게 되었습니다. 돌아야만 서 있을 수 있는 팽이처럼 되었습니다. 달려야만 서 있을 수 있는 자전거처럼 되어 버렸습니다. 돌아야만, 달려야만 하는 것입니다. 교인 스스로도 일을 해야만 신자인 것 같고, 신앙생활을 하는 것 같다고 느낍니다. 가만히 있으면 어쩔 줄을 몰라 합니다.

통성 기도를 해야 할 때가 있을 것입니다. 모두가 한 주제를 놓고 한마음으로 울부짖어야 하는 때가 올 수도 있습니다. 그런데 그런 일은 오지 않는 것이 좋습니다. 그런 울부짖음은 국난이 오거나 한국 교회가 심한 핍박으로 숨어야만 하는 절체절명의 위기에 필요한 것입니다. 지금은 생각하고 신앙의 이해를 넓히고 더욱 깊어져야 하는 때입니다.

교회는 자신의 정체성을 증거할 때에만 초월과 종교적 형태로 스스로를 제한하는 어리석음을 면하게 됩니다. '교회란 무엇인가? 신앙이란 무엇인가?'에 대해 제대로 된 신학적 성찰이 있어야 처해 있는 삶의 정황 속에서 기독교 신앙을 담아내는 지혜와 실천의 실력을 기를 수 있습니다. 그런 연구와 노력이 없으면 기독교 신앙을 증거할 때 쉽게 원색화되거나 단순해집니다. 그러면 다른 사람들에게 기독교를 설명할 때 초월을 부를 수밖에 없습니다. 다른 식으로는 설명할 줄을 모르기 때문입니다. 이렇게 되면 사소한 일마다 하나님이 직접 나타나 불을 내려 주기를 바라게 됩니다. 그러나 그런 기대는 성경의 가르침과 다른 것입니다.

에베소서 5장 18절에 "술 취하지 말라 이는 방탕한 것이니 오직 성령으로 충만함을 받으라"라는 말씀이 있습니다. '성령으로 충만함'

은 내용상 초월적인 것임에도 여기에서는 초월적인 사건으로 묘사되지 않습니다. 성령 충만은 연습하고 훈련해서 이루는 자연적인 사건처럼 묘사되어 있습니다.

에베소서 5장 전체를 읽어 보면 18절에 이르도록 '생각하라', '분별하라', '깨어 있어라', '연습하라'라는 말이 반복되고 있습니다. 그런 권면 끝에 결론으로 성령 충만이 등장합니다. 18절에서도 성령 충만은 '술 취하지 말라'와 대비됩니다. 여기서 술에 취한다는 것은 부도덕하게 방탕한다는 뜻이 아닙니다. 여기에서 방탕이란 낭비한다는 뜻입니다. 술에 취하면 제정신을 잃습니다. 훈련과 분별이 불가능합니다. 이렇게 하지 말고 성령으로 충만함을 받으라고 합니다.

우리의 신앙이 주관적인 감격과 체험에만 머무르지 않아야 합니다. 복음의 본질, 교회의 바른 정체성을 소유하고 있다면 감격으로 감격을 결과하려 하지 않게 됩니다. 내가 얼마나 기쁜지를 눈물 흘리는 것으로 상대방을 감동시키지 않으며, 내가 겪은 체험이 얼마나 드라마틱한 것인지로 상대방을 항복시키지 않게 됩니다. 그보다는 '내가 어떻게 변했는가? 옛날과 지금이 어떻게 다른가?' 하는 점으로 상대방을 항복시킬 수 있게 됩니다.

하나님을 몰랐을 때와 하나님의 자녀로 변화되었을 때의 차이로 사람을 항복시켜야 하는 것이지, 내가 얼마나 큰 감격과 기쁨과 기적을 만났는지를 묘사하는 것은 의미가 없습니다. 그런데 우리는 자꾸 그렇게 하고 있습니다.

이런 면에서 한국 교회에 널리 퍼져 있는 찬양 행태에 대해 저는 좀 부정적입니다. 왜냐하면 하나님을 감격적으로 찬양하는 일은 신자끼리는 이해되는 일이지만, 신자가 아닌 사람들과는 접촉점을 가질 수 없기 때문입니다. 아무리 멋진 율동과 감격한 목소리로 찬송을 부르고 흐느낀다 하더라도 전달이 되는 것은 아닙니다. 마치 코미디의 첫 번째 철칙을 어긴 것과 같습니다. 그 철칙이란 웃기는 사람 자신이 먼저 웃으면 안 된다는 것입니다. 웃기러 나왔는데 자기가 먼저 웃어 버리면 청중은 아무도 웃지 않습니다. 정말 웃기는 사람은 자기가 웃지 않고 상대방을 웃깁니다. 또한 내용으로 웃겨야 합니다. 자기가 웃고 재미있다고 하면 모두 따라 웃습니까? 사람들은 그가 한심해서 웃을 뿐입니다.

지금 한국 교회가 복음에서 오는 감격과 자랑을 전달하고 싶다면 우리의 변화, 곧 우리가 소유한 예수 그리스도로 인해 생겨난 복음의 결과인 '다름'을 보여 주어야 합니다. 하지만 한국 교회의 형편을 돌아보면 명분과 열정만 보일 뿐입니다. 달라진 모습은 별로 보이지 않습니다. 비난하자고 하는 것이 아닙니다. 우리의 현실을 직시하자는 것입니다. 우리는 더 많이 연습해야 하고, 한국 교회는 더 많이 성장해야 합니다.

복음주의의 최고 특징인 회심과 구원에 대한 강조는 한국 교회에 활력을 불어넣었고, 열심 있는 전도를 낳았습니다. 이것은 그 자체로 귀한 일입니다. 하지만 이 부분을 신학 전체의 내용 안에 놓고 보면 다른 이해를 할 수 있습니다. 회심과 구원에 대한 강조는 신앙의 전체 내용을 염두에 두고 평가해 보면 '죄 관리의 복음'이라고 이름 붙일 수도 있습니다.

보수 신학의 경우 이것은 개인의 구원, 개인의 죄 용서에 대한 강조로 드러납니다. 자유주의 신학의 경우에는 사회악이나 구조악의 제거로 나타납니다. 양쪽 모두 죄 말고는 다루지 못합니다. 신학의 전체 내용에 들어 있는 '삶과 성품의 변화'라는 구원의 더 큰 내용이 어느 진영에서도 다루어지고 있지 않는 셈입니다. 어느 진영에서든 복음의 가장 우선적인 내용이라고 할 구원을 논할 때, 하나님의 자녀로서 누리게 되는 하나님의 영광의 회복으로서의 삶과 성품의 변화라는 내용을 담아내지 못하고 있습니다. 어느 쪽도 개인의 변화에 필요한 논리적 이해와 실제적 방향과 그에 부합되는 일상적 삶의 구속(救贖)에 대한 일관성 있는 틀을 제시하지 못하는 것이 지금의 형편입니다.

앞서 논의했다시피 우리는 세계관으로 기독교를 설명해 내지 못하고 있습니다. 성경은 분명 풍성한 삶과 순종을 향한 개인의 변화를 강조하고 있는데도, 성품의 변화보다는 단절된 체험의 연속만으로 만족하는 이들이 양산되고 있습니다. '단절된 체험'이란 삶과 인생 전체를 담아내는 역할을 하지 못한 채, 그때그때 필요해서 쓰이는 일회용 체험들을 말하는 것입니다. 그리고 이와 같은 단절적 체험들 사이에는 우리 삶의 스승이신 예수님이 존재하지 않습니다. 예수님은 우리가 구원 얻을 때 한 번 말고는 우리 삶에서 다른 역할을 맡지 못하고 계십니다. 우리는 구원받은 성도들이 예수님이 보이신 공생애로부터 본받아야 하는 삶의 모습을 배우지 못하고 있습니다. 삶과 신앙의 분리, 교회 내 스승으로서의 예수의 부재는 악한 세상이나 사회 악재로 말미암은 것도 아니고, 일반 성도들의 잘못도 아니라고 어떤 이는 비평했습니다. 이것은 현대 교회의 설교에서 줄기차게 주장하는 왜곡된 내용 때문이라는 것입니다. '목사들, 너희 잘못이다!'

이 비판의 내용을 인정합니다. '맞습니다' 이렇게 고백하고 저는 이 자리에 섰습니다. '죄 관리의 복음'에 완전히 사로잡혀 있는 사이에, 일과 직업과 사회의 한복판을 살아가도록 우리를 부르는 예수님의 초청은 무시되고 외면되었습니다. 우리는 명분과 형태로 볼 때 종교적인 일들로만 하나님의 부르심을 받는다는 식으로 배워 왔습니다. 일상과 세상 속에서 내 자리를 지키며 해야 하는 일에서는 신앙생활을 할 수 없다고 잘못 배운 것입니다.

우리는 하나님 나라의 삶을 예수님의 말씀과 인격을 믿는 믿음을 통해 말과 삶으로 제시해야만 합니다. 세상은 오직 기능만을 요구합니다. 현대는 더욱 그렇습니다. 기독교 신앙 안에서도 기능만을 요구받고 있습니다. 교회 내에서도 효율성을 따집니다. 교회 안에서도 신앙을 능력이라는 시각에서 이해합니다. 그러나 신앙은 본래 그런 것이 아닙니다. 신앙은 능력보다 순종과 인내를 앞세웁니다. 말씀을 붙잡고 주님의 뜻대로 따르는 것이 우선입니다.

구원과 이 세상

현대의 실익을 좇는 한, 삶 속에서 실천해야 하는 제자도에 대해 가르치고 있는 예수님의 복음에서 의미를 찾지 못할 것입니다. 예수님의 사역과 가르침은 역사 속에 자리하고 있는 영혼과 영적 세계를 향한 것입니다. 자유주의 신학의 실책은 역사 속에 뿌리박은 기독교를 부인한 데에 있습니다. 예수님은 우리를 구원하기 위해 이 땅에 오셔서 사람 손에 죽으셨습니다. 기독교의 구원은 자연과 초월을 포함한 전 우주와 그것이 흘러가는 영원을 대상으로 하고 있습니다.

요한복음 3장 16절에서 하나님이 세상을 이처럼 사랑하사 독생자를 주셨다고 했습니다. 여기서의 구원은 우리가 살고 있는 이 세계에서 육체를 안고 사는 존재로서 얻는 구원입니다. 우리는 아직 완성된 천국을 부여받지 못하고 있기 때문에 대적들 사이에서, 아직도 죄가 가득 넘치는 현실 속에 살고 있습니다. 하지만 우리는 구원받은 하나님의 백성으로서 우리의 육신과 인생과 존재를 바쳐 새사람으로 살아야 할 책임을 지니고 있습니다.

우리는 이미 앞의 두 주제를 다루면서 구원에 담긴 의미를 되새겨 보았습니다. 구원은 창조 질서의 회복이라는 점을 확인했습니다. 구원은 내세적이고 종말적으로만 확인되는 것이 아니라는 점을 알게 되었습니다. 구원을 받는 순간부터 우리는 활동하는 모두 무대에서 하나님이 지으신 창조 세계를 변화시키고 하나님의 주권에 순응하는 존재로 살아가도록 부름받았다는 것을 살펴보았습니다. 이 구원은 하나님과의 화목과 연합이며 이웃과의 화목과 연합이라는 것도 확인했습니다. 이런 점들이 요한복음 3장 16절에서 말하는, 하나님이 세상을 구원하시려고 예수 그리스도를 보내셨다는 사실에 들어 있는 내용입니다.

에베소서 1장 7절 이하의 말씀도 마찬가지입니다. "우리는 그리스도 안에서 그의 은혜의 풍성함을 따라 그의 피로 말미암아 속량 곧 죄 사함을 받았느니라." 이 구속은 하나님이 모든 지혜와 총명을 우리에게 넘치게 하셔서 그 뜻의 비밀을 우리에게 알리신 것으로 하나님의 기뻐하심을 따라 그리스도 안에서 때가 찬 경륜을 위해 예정하신 것입니다. 이 구원은 예수 그리스도 안에서 하나님이 허락하셨고 알게 하신 것인데 그 일은 10절에 "하늘에 있는 것이나 땅에 있는 것이 다 그리스도 안에서 통일되게 하려 하심이라"라는 데로 나아갑니다.

새 하늘과 새 땅은 나중에 올 것입니다. 그러나 우리는 그 나라에서 사는 삶에서와 동일한 태도, 원리, 내용을 가지고 지금 이곳에서 살도록 부름받고 있습니다. 지금은 완전한 천국이 아닙니다. 그러나 우리는 하나님의 백성으로서 하나님의 통치와 보호를 받고 인도하심을 받는 자들로서 지금도 천국 속에서 사는 것이라고 할 수 있습니다. 고통과 슬픔은 아직 남아 있지만 하나님의 통치 아래에 있다는 사실로 우리는 새로운 존재입니다. 우리로 인해 세상은 하나님이 이 세상을 얼마나 영광스럽고 복되게 만드셨는지를 보게 될 것입니다. 우리는 이 일을 할 수 있는 통로인 하나님의 자녀들이자 일꾼들입니다. 이것이 구원이고 기독교 신앙의 가장 중요한 핵심이자 삶에서 실천되어야 할 영성입니다.

신앙의 과정과 단계, 또는 그 관심사에서 우리는 서로 다른 견해를 가질 수 있습니다. 하지만 그 모든 내용은 기독교 신앙의 전체 내용 속에 들어 있다는 점을 잊지 말아야 합니다. 우리는 특징과 관심사를 가지고 서로를 배척해서는 안 됩니다. 무엇보다도 신앙의 전체 내용을 아우르는 세계관을 세우고, 현재 우리가 살고 있는 이 시대와 사회 앞에 하나님의 사람은 어떻게 다른가를 보여야 합니다. 이 일을 하는 것은 사람들을 심판하기 위해서가 아니라, 하나님이 만드신 인간은 원래 어떤 존재이며 그 인생이 얼마나 복된 것인가를 증언해야 하는 책임이 신자와 교회에 있기 때문입니다. 이 과제가 우리에게 있습니다.

한국 교회가 여기에 이르는 데에는 순교와 피로 그 신앙을 지키며 집과 재산을 팔아 교회를 지어 교육한 헌신이 있었습니다. 믿음의 선조들의 이런 헌신 위에 서 있는 우리는 취향에 맞는 교회를 찾아 교회 쇼핑을 하며 TV와 인터넷을 통해 설교를 골라 들으며 귀를 즐겁게 하는 것으로 신앙적 책임을 때울 수 없습니다. 선조들이 피 흘려 신앙을 지킨 것 이상으로 이 시대의 신자들이 맡아야 할 몫이 있습니다. 기독교의 진리를 지키고 영성을 지키며 하나님의 영광을 드러내는 일이 우리에게 책임으로 지워져 있습니다.

한국 교회는 하나님이 복을 주셔서 시작되었습니다. 이 교회들에 하나님이 은혜로 베푸신 복들이 더 깊이 뿌리내리고 열매가 풍성해지도록 우리가 하나님의 자녀로서 자리를 지키고 훈련하며 이를 위해 기도하기를 바랍니다.

하나님의 종

3

하나님의 종의 정체성

07

13 예수께서 빌립보가 이사랴 지방에 이르러 제자들에게 물어 이르시되 사람들이 인자를 누구라 하느냐 14 이르되 더러는 세례 요한, 더러는 엘리야, 어떤 이는 예레미야나 선지자 중의 하나라 하나이다 15 이르시되 너희는 나를 누구라 하느냐 16 시몬 베드로가 대답하여 이르되 주는 그리스도시요 살아 계신 하나님의 아들이시니이다 17 예수께서 대답하여 이르시되 바요나 시몬아 네가 복이 있도다 이를 네게 알게 한 이는 혈육이 아니요 하늘에 계신 내 아버지시니라 18 또 내가 네게 이르노니 너는 베드로라 내가 이 반석 위에 내 교회를 세우리니 음부의 권세가 이기지 못하리라 19 내가 천국 열쇠를 네게 주리니 네가 땅에서 무엇이든지 매면 하늘에서도 매일 것이요 네가 땅에서 무엇이든지 풀면 하늘에서도 풀리리라 하시고 20 이에 제자들에게 경고하사 자기가 그리스도인 것을 아무에게도 이르지 말라 하시니라 (마 16:13-20)

하나님의 종의 정체성

마태복음 16장 16절 이하에 나오는 베드로의 신앙 고백에 대해 함께 생각해 보려고 합니다. 베드로는 예수님이 그리스도시며 하나님의 아들이라고 고백하고, 예수님은 이 고백 위에 교회를 세우시고 천국 열쇠를 맡기겠다고 하십니다.

그런데 마태복음이 전하는 이 사건의 흐름을 가만히 살펴보면 베드로의 고백에 이 이야기의 핵심이 있는 것은 아니라는 점을 알 수 있습니다. 칭찬을 받았던 베드로는 잠시 후 예수님에게 사탄이라는 꾸중까지 받게 됩니다. 그러고 나서 예수님은 24절에 '누구든지 나를 따라오려거든 자기를 부인하고 자기 십자가를 지고 나를 따를 것이니라'라는 말씀을 더하십니다.

예수님은 신자들 가운데 쉽게 생길 수 있는 오해를 지적하시는 것으로 보입니다. 베드로가 '주는 그리스도시요 살아 계신 하나님의 아들이시니이다' 하고 고백할 때 예수님은 기뻐하셨지만, 베드로가 그 고백에 담고 있던 내용과 예수님이 기뻐하셨던 내용 사이에는 거리가 있었습니다. 예수님이 메시아로 오셔서 담당해야 할 사역에 대해 베드로를 비롯한 제자들은 심각한 오해를 하고 있었습니다. 심지어 예주님과 제자들은 상반된 생각을 하고 있었다고 할 정도입니다.

예수님이 자신이 그리스도인 것을 아무에게도 알리지 말라고 제자들에게 당부하셨던 것도 이런 맥락과 관련됩니다. 당시 유대인들은 물론이고 제자들마저도 메시아께서 오시면 정치적, 군사적, 사회적 차원에서 자신들을 해방할 것이라고 기대하고 있었습니다. 예수님이 행하신 기적들에 대해서도 백성들은 그분이 초월적인 힘을 사용하여 이스라엘에게 구원을 줄 것이라고 기대했습니다. 그들은 예수님에게 정치적, 군사적, 사회적 능력을 기대하여 예수님을 억지로 임금으로 삼고자 했습니다. 그러나 예수님은 그들의 기대에 부응하려고 하지 않으셨고, 처음 계획대로 십자가를 지는 길을 고집하셨습니다. 이와 상반된 생각이 베드로의 고백에 담겨 있었던 것입니다.

이번 장에서 함께 확인하고자 하는 것은 베드로에 대한 예수님의 꾸중을 어떻게 이해할 것인가 하는 점입니다. '주는 그리스도시요 살아 계신 하나님의 아들이시니이다'라는 베드로의 고백을 대할 때면, 흔히 우리는 베드로라도 된 듯이 주먹에 힘이 들어가고 핏대가 섭니다. 그래야 베드로의 신앙을 본받을 수 있다고 생각하는 것입니다. 하지만 베드로가 한 것과 같은 각오를 다짐할 때 문제가 생겨납니다. 예수님의 사역에 대한 베드로의 오해는 누가복음 22장에서 이렇게 전개됩니다.

> 시몬아, 시몬아, 보라 사탄이 너희를 밀 까부르듯 하려고 요구하였으나 그러나 내가 너를 위하여 네 믿음이 떨어지지 않기를 기도하였노니 너는 돌이킨 후에 네 형제를 굳게 하라 그가 말하되 주여 내가 주와 함께 옥에도, 죽는 데에도 가기를 각오하였나이다 이르시되 베드로야 내가 네게 말하노니 오늘 닭 울기 전에 네가 세 번 나를 모른다고 부인하리라 하시니라 (눅 22:31-34)

우리가 잘 알고 있는 유명한 사건입니다. 베드로는 충성을 약속했으나 예수님은 그날 밤이 끝나기 전, 새벽에 닭이 울기 전에 베드로가 세 번이나 예수님을 부인할 것이라고 말씀하셨습니다. 그리고 예수님의 말씀대로 되고 맙니다.

> 베드로가 바깥 뜰에 앉았더니 한 여종이 나아와 이르되 너도 갈릴리 사람 예수와 함께 있었도다 하거늘 베드로가 모든 사람 앞에서 부인하여 이르되 나는 네가 무슨 말을 하는지 알지 못하겠노라 하며 앞문까지 나아가니 다른 여종이 그를 보고 거기 있는 사람들에게 말하되 이 사람은 나사렛 예수와 함께 있었도다 하매 베드로가 맹세하고 또 부인하여 이르되 나는 그 사람을 알지 못하노라 하더라 조금 후에 곁에 섰던 사람들이 나아와 베드로에게 이르되 너도 진실로 그 도당이라 네 말소리가 너를 표명한다 하거늘 그가 저주하며 맹세하여 이르되 나는 그 사람을 알지 못하노라 하니 곧 닭이 울더라 이에 베드로가 예수의 말씀에 닭 울기 전에 네가 세 번 나를 부인하리라 하심이 생각나서 밖에 나가서 심히 통곡하니라 (마 26:69-75)

우리 생각에는 하나님의 종으로 부름받고 하나님의 일꾼이 되면 제일 먼저 뒤따르는 것이 열심이고 감격이며 능력일 것 같습니다. 그런데 성경은 이와 다르게 이야기합니다. 예수님이 가신 십자가의 길은 우리가 죽는 것을 통하여 하나님이 일하신다는 점을 보여 줍니다. 그런데 '십자가의 길'이라는 말을 들을 때면, 우리는 자기를 부인하고 자기 십자가를 져야 한다는 생각에 비장해지고 장렬해집니다. 그런데 성경은 우리에게 그렇게 하지 말라고 가르칩니다.

예전 독일의 나치 정권은 두 가지 기준으로 사람을 분류했습니다. '능력'과 '의욕'이라는 두 기준입니다. 그러면 능력 있고 의욕 있는 사람, 능력은 있지만 의욕은 없는 사람, 능력은 없지만 의욕은 있는 사람, 능력도 의욕도 없는 사람이라는 네 그룹으로 나뉘게 됩니다. 이중 제일 곤란한 부류는 능력은 없지만 의욕은 있는 사람이었습니다. 능력이 없으면 의욕도 없는 게 낫다는 것입니다. 최고의 사람은 능력은 있지만 의욕은 없는 사람이었다고 합니다. 그래야 무엇을 해야 할지를 나라에서 쉽게 정해 줄 수 있었기 때문입니다. 하나님의 사람으로 쓰임받으려면 어떤 부류에 속해야 합니까? 능력도 의욕도 둘 다 없는 것이 좋습니다. 그래야 하나님이 의에 따라 우리를 승리하게 하여 영광 받으시기도 하고, 우리를 묵사발로 만들어서 영광 받으실 수 있기 때문입니다.

그런데 우리는 의욕이 충만하고 능력이 넘쳐 납니다. 이러면 곤란합니다. 능력이 있어 성공한 사람들이 자꾸 여기저기에서 이야기하는 바람에 한국 교회는 지금 성공 경쟁의 도가니가 되었습니다. 말없이 묻혀 충성하는 사람들은 다 바보가 되고 말았습니다. 능력이 있는 것은 칭찬할 만한 일이고, 하나님이 그렇게 사용하시는 것에 대해 우리가 뭐라고 할 수 있는 것은 아닙니다. 그렇다고 하여 그 사람이 올바른 길로 나아갔다고 이야기할 수 있는 것도 아닙니다. 능력이라는 기준으로 보면 예수님의 사역도 실패라고 할 수 있기 때문입니다. 하나님의 종으로 살고 충성하는 길에는 실패같아 보이는 사역이 많은 법입니다.

마태복음 26장에 기록된 베드로가 세 번 부인한 이야기에서 우리가 주목해야 할 부분은 그의 통곡입니다. 베드로의 통곡에 담긴 의미는 무엇입니까? 베드로가 울고 있는 것은 그의 의욕이 좌절되었기 때문입니다. 베드로는 의욕이 있었지만, 그것을 성취할 능력은 없었습니다. 베드로의 고백은 진심이었습니다. 주를 위하여 죽는 데도 가고, 다 주를 버릴지라도 자신은 그러지 않겠다는 것이었습니다. 이것이 요한복음 21장에서 어떻게 확인되는지 봅시다.

그들이 조반 먹은 후에 예수께서 시몬 베드로에게 이르시되 요한의 아들 시몬아 네가 이 사람들보다 나를 더 사랑하느냐 (요 21:15 상)

예수님이 베드로에게 말씀하실 때 왜 '이 사람들보다'라는 말을 덧붙이셨습니까? 다 주를 버릴지라도 베드로는 그러지 않을 것이라고 장담했었기 때문입니다. 예수님이 다시 '이 사람들보다 나를 더 사랑하느냐'라고 물으실 때 베드로는 할 말이 없었습니다. 그래서 뭐라고 뻔뻔스럽게 고백했습니까?

주님 그러하나이다 내가 주님을 사랑하는 줄 주님께서 아시나이다
(요 21:15 중)

예수님은 두 번째로 '시몬아 네가 나를 사랑하느냐' 하고 물으십니다. 이번에는 '이 사람들보다'라는 말이 빠졌습니다. 베드로는 '내가 주님을 사랑하는 줄 주님께서 아시나이다'라고 고백합니다. 이 대답에는 '모두 주를 버릴지라도 나는 결코'라는 말이 빠져 있습니다. 베드로의 마음에서 무엇이 빠진 것입니까? 자신감이 빠졌습니다. 베드로는 통곡하면서 그것을 배운 것입니다.

인간의 의욕으로 하나님의 일이 성취되는 것이 아니라는 것을 분명히 이해하고 마음에서 이런 의욕과 자기 확신을 빼 버린 사람이어야 하나님이 사용하실 수 있습니다. 성급하게 진심 하나만을 가지고 모든 일을 해결하려고 하면 곤란합니다. 우리가 배워야 할 중요한 신앙적 사실 가운데 하나는 하나님이 일하시는 방법과 우리의 생각은 너무도 다르다는 것입니다.

한국 교회의 유명한 지도자들을 보면, 저 사람은 누가 봐도 부족함이 많은데 하나님이 들어서 높이 쓰신 것을 확인하게 됩니다. 이는 일하시는 분은 하나님이시지 사람이 아니라는 점을 가르치기 위해서입니다. 내가 돕지 않으면 하나님의 일이 이루어지지 않는다는 식의 생각이 뽑혀야 하나님이 사용하시는 것입니다. 실력이 있고 능력이 있어서 뭘 해도 잘할 것이라고 여겨지는 사람은 사용하지 않으십니다. 하나님이 일을 해 나가시는 통로가 인간의 능력이라고 오해하여 하나님이 인간의 노력이나 충성, 능력에 도움을 받아야 한다고 생각한다면, 하나님은 일하지 않으실 것입니다. '저 사람이 이렇게 해서 잘했다!'와 같은 판단은 사람의 관점에서 하는 것일 뿐, 성경에는 그런 관점으로 하나님의 일을 설명하는 예가 없습니다.

신앙 서적이 별로 없었던 시절에 한국 교회의 거의 유일한 신앙 서적은 《죽으면 죽으리라》라는 책이었습니다. 거기에 음미해 볼 만한 대목이 나옵니다. 목사와 장로들이 투옥되었다가 잠시 풀려났을 때, 교인들이 제일 궁금해하던 질문이 있었습니다. '고문을 당할 때 하나님이 천사를 보내어 보호하셨는가?'였습니다. 그에 대한 답은 '아니다'였습니다. 그 대답에 성도들은 낙담하고 어려워했습니다. 그래서 많은 사람이 고문을 견디지 못해 예수를 안 믿겠다고 했습니다. 물론 순교자도 있었지만, 자기 힘으로 고문을 이기고 신앙을 지킬 수 있는 사람은 없습니다.

'무엇을 더 가져야 하나님이 나를 크게 사용하실까?' 하는 식의 발상은 성경에 없는 생각입니다. 하나님에게 쓰임받는 일은 우리의 조건이 아니라 하나님의 작정과 지혜와 능력에서 비롯되는 것입니다. 하나님의 종들에게 요구되는 것은 충성입니다. 고린도전서 4장에 나온 바울의 고백에 담겨 있듯이 '맡은 자들에게 구할 것은 충성'입니다.

충성이란 위에서 시키는 것을 하는 것입니다. 그런데 우리는 이 문제에서 늘 세상의 유혹과 시험 앞에 있게 됩니다. 세상은 세상적인 잣대로 성공했다느니 훌륭하다느니 말하지만, 신앙은 그런 것이 아닙니다. 예수님이 베드로에게 세 번째로 묻습니다.

세 번째 이르시되 요한의 아들 시몬아 네가 나를 사랑하느냐 하시니 주께서 세 번째 네가 나를 사랑하느냐 하시므로 베드로가 근심하여

이르되 (요 21:17 상)

베드로는 왜 근심했습니까? 그는 진심으로 주를 사랑하지만, 그 사랑을 지킬 능력이 없습니다. 자신이 없는 것입니다. 그런 베드로로부터 예수님은 그의 사랑을 받으시고 그를 회복시켜 사용하십니다. 우리가 놀라는 것은 베드로가 세 번 부인한 것을 말씀하시면서 예수님이 덧붙이신 말씀에 대해서입니다. 누가복음에서는 예수님이 말씀하시길 사탄이 너희를 밀 까부르듯 하려고 요구하였으나 허락하지 않으셨다고 합니다. 예수님은 사탄의 총구를 다 막아 주셨음에도 불구하고 베드로가 세 번 부인한 것은 놔두셨다는 이야기가 됩니다. 예수님의 말씀은 이렇게 이어집니다.

> 그러나 내가 너를 위하여 네 믿음이 떨어지지 않기를 기도하였노니 너는 돌이킨 후에 네 형제를 굳게 하라 (눅 22:32)

하나님 나라를 위한 종이 된 후 가장 중요한 것은, 하나님의 뜻을 아는 것만큼이나 인간이 어떤 존재인지를 알아야 한다는 점입니다. 인간 현실에 대한 이해가 없으면 소리만 지르는 지도자가 될 뿐입니다. 인간은 연약합니다. 무력합니다.

자기를 부인하고 자기 십자가를 지라는 말에 담긴 뜻을 생각해 봅시다. 하나님의 종은 헌신, 열정, 진심을 근거로 하여 존재하는 것이 아닙니다. 맡은 역할로 인해 가치를 갖게 되는 것도 아닙니다. 하나님의 종의 본질은 '자기 부인', '자기 십자가'라는 말씀 속에 감추어져 있습니다. 하나님의 종은 자기 부인과 자기 십자가로 설명된다는 성경의 강조는 이런 말씀 속에서 찾아볼 수 있습니다.

> 예수께서 돌이키시며 베드로에게 이르시되 사탄아 내 뒤로 물러 가라 너는 나를 넘어지게 하는 자로다 (마 16:23 상)

여기서 말하는 '사탄'이나 '넘어짐'은 마태복음 4장에 나오듯 메시아가 시험받은 것을 배경으로 합니다. 공생애를 시작하기 직전에 예수님은 광야에서 기도하시고 주리셨습니다. 그때 사탄이 예수님을 넘어뜨리려고 합니다. 첫 번째 시험은 '네가 만일 하나님의 아들이어든 명하여 이 돌들로 떡덩이가 되게 하라'(마 4:3)라는 것이었습니다. 주님은 "사람이 떡으로만 살 것이 아니요 하나님의 말씀으로 산다"라고 답하십니다.

예수 그리스도께서 우리를 구원하러 오신 하나님의 아들이라는 것은 다 알고 있는 바입니다. 그런데 그 일을 이루기 위해 예수님은 창조주로서 오기보다 우리와 같은 인간으로 오셨습니다. 자신이 돌로 떡을 만드는 위치에 있지 않고 하나님의 말씀으로 사는 위치에 있다고 답하심으로써 사탄의 일차 시험에 답하신 것입니다. 자신은 인간의 모습으로 와 있다는 것입니다. 이 점을 로마서에서 다시 강조합니다.

> 예수는 우리가 범죄한 것 때문에 내줌이 되고 또한 우리를 의롭다 하시기 위하여 살아나셨느니라 (롬 4:25)

예수님이 우리 죄를 대속하셨고 부활하셔서 우리로 하여금 부활 생명을 갖게 하셨습니다. 예수님이 오셔서 우리 죄를 대신해서 죽으셨고 부활하셔서 부활의 첫 열매가 되신 것입니다. 이로써 우리에게 부활 생명을 주십니다. 이어서 로마서 5장을 봅시다.

> 그러므로 한 사람으로 말미암아 죄가 세상에 들어오고 죄로 말미암아 사망이 들어왔나니 이와 같이 모든 사람이 죄를 지었으므로 사망이 모든 사람에게 이르렀느니라 (롬 5:12)

> 한 사람의 범죄로 말미암아 사망이 그 한 사람을 통하여 왕 노릇 하였은즉 더욱 은혜와 의의 선물을 넘치게 받는 자들은 한 분 예수 그리스도를 통하여 생명 안에서 왕 노릇 하리로다 (롬 5:17)

우리가 잘 알고 있는 '대표 원리'로 예수님의 사역을 설명하는 대목입니다. 우리는 아담의 후손이기 때문에 그의 지위와 신분이 우리에게 그대로 전가됩니다. 우리가 아담을 시조로 하고 있기 때문입니다. 아담이 죄를 지었고 죄인이 되었기에 우리는 죄인으로 태어납니다. 우리가 죄인으로 태어난다는 것은 태어나서 죄를 짓기 전의 영아들에게도 사망이 왕 노릇하는 것으로 잘 드러납니다. 죽지 않는 사람은 없습니다. 미처 죄를 지을 틈이 없던 어린 아기도 죄인으로 태어납니다. 이것은 아담이 인류의 시조이기 때문에 그의 신분과 지위가 그 후손에게 그대로 전가되어 벌어지는 일입니다.

예수님이 이 땅에 오셔서 하신 일이 바로 이런 배경 속에서 이해됩니다. 우리의 범죄로 생겨난 문제를 해결하려고 예수님은 아담의 후손으로 오셔서 죽으셨습니다. 그렇게 하여 아담의 족보를 닫아 버리셨습니다. 이로써 아담으로부터 시작된 인류가 없어지고 예수님이 부활하셔서 인류의 새 시조가 됩니다. 이 일에 대해 고린도전서 15장에서는 이렇게 설명합니다.

> 기록된 바 첫 사람 아담은 생령이 되었다 함과 같이 마지막 아담은 살려 주는 영이 되었나니 (고전 15:45)

> 첫 사람은 땅에서 났으니 흙에 속한 자이거니와 둘째 사람은 하늘에서 나셨느니라 (고전 15:47)

인류는 아담을 시조로 하여 형성되었고 아담 이후 죄에 빠져 살게 되었습니다. 그런데 예수님은 아담의 후손으로 오셔서 죽음으로써 인류의 족보를 닫아 우리의 죄를 씻으셨습니다. 그리고 부활하셔서 새 인류의 시조가 됩니다. 이 족보에서 다른 족보로 넘어가는 것은 믿음을 통해 이루어집니다.

이제 누구든지 예수 그리스도 안에 있으면 새로운 피조물입니다.

새 족보 밑에 있는 것입니다. 예수를 시조로 한 족보 밑에 있는 것입니다. 그래서 예수님은 '살려 주는 영'이 된 것입니다. 이것이 예수님의 대속 사역에 대해 성경에 나온 내용이라고 할 수 있습니다. 예수님이 아담의 족보를 닫고 새 족보의 시조가 되기 위해 먼저 우리와 동일시되셔서 인간으로 오신 것입니다.

동일시되었다는 점이 매우 중요합니다. 부활하셔서 새로운 족보의 시조가 된 후에도 예수님은 우리를 수하에 두고 부리거나 차별하지 않습니다. 그분은 우리를 자신과 동일시하십니다. 이것을 로마서 6장에서는 다음과 같이 이야기합니다.

> 무릇 그리스도 예수와 합하여 세례를 받은 우리는 그의 죽으심과 합하여 세례를 받은 줄을 알지 못하느냐 그러므로 우리가 그의 죽으심과 합하여 세례를 받음으로 그와 함께 장사되었나니 이는 아버지의 영광으로 말미암아 그리스도를 죽은 자 가운데서 살리심과 같이 우리로 또한 새 생명 가운데서 행하게 하려 함이라 만일 우리가 그의 죽으심과 같은 모양으로 연합한 자가 되었으면 또한 그의 부활과 같은 모양으로 연합한 자도 되리라 (롬 6:3-5)

로마서 6장의 핵심이 여기에 담겨 있습니다. 예수의 죽음은 우리와 함께 죽는 죽음이며 예수의 부활은 우리와 함께하는 부활입니다. 이것은 앞에서 설명한 대표 원리 그대로입니다. 예수 그리스도께서 오셔서 우리와 함께 죽고 함께 살아난다는 표현에는 아담의 족보가 끝나고 새로운 족보가 시작된다는 점이 담겨 있습니다.

　이 일은 출애굽 사건에서도 예시된 바 있습니다. 이스라엘이 홍해를 건너야 했던 이유는 무엇입니까? 애굽에서 종노릇하던 히브리인들은 홍해에 빠져서 다 죽었다는 것을 뜻한다고 할 수 있습니다. 그들은 홍해에서 다 죽은 셈입니다. 그로써 애굽의 종이었던 히브리 종족은 없어졌습니다. 그렇게 해방이 됩니다. 종인 사람은 죽기 전에는 그 신분에서 벗어나지 못하기 때문입니다.

　이제 광야에 새로운 종족이 나타납니다. 이 종족은 자유로운 종족입니다. 애굽의 종이었던 종족은 모두 홍해에 장사되었으므로 애굽은 더 이상 그들에 대한 권리를 갖지 못합니다. 광야에 있는 종족은 새롭게 시작하는 종족입니다. 이 점이 중요한 이유는, 예수 그리스도께서 맡으신 구속 사역은 그분이 우리와 동일시함을 통해 이루어졌다는 점과 관련되기 때문입니다. 그뿐 아니라 요한복음 17장을 보면 예수님은 우리도 그와 같이 보내신다고 합니다.

> 아버지께서 나를 세상에 보내신 것 같이 나도 그들을 세상에 보내었고 (요 17:18)

여기에서 '아버지께서 나를 세상에 보내신 것 같이'가 무엇인지 이해하지 못하면 하나님이 우리를 종으로 세우신다는 것이 무엇인지 모르는 셈이 됩니다. 그렇다면 성부 하나님이 성자 하나님을 보내신 것에 담긴 뜻은 무엇입니까?

아버지여, 아버지께서 내 안에, 내가 아버지 안에 있는 것 같이 그들도 다 하나가 되어 우리 안에 있게 하사 세상으로 아버지께서 나를 보내신 것을 믿게 하옵소서 (요 17:21)

예수님이 오셔서 하시는 일은 성부 하나님과 성자 하나님의 연합에 우리를 동참시키시는 것입니다. 성부 하나님과 성자 하나님의 연합은 나뉠 수 없는 것입니다. 그런 성자 하나님이 이 땅에 오셔서 우리와 연합하십니다. 이로써 우리는 성자 하나님이 성부 하나님과 함께한 연합에 동참하게 됩니다.

하나님이 우리를 구원하기로 작정하시고 그 일을 위해 예수님을 보내십니다. 예수 그리스도를 우리 중의 하나로 보내십니다. 그래서 우리 가운데 예수만 따로 뽑아낼 수 없게 하신 것입니다. 성부 하나님의 보내심을 받은 예수님이 인간과 동일시되자, 우리는 더 이상 예수 그리스도와 구별되거나 분리될 수 없는 존재가 됩니다. 그런 방식으로 예수님이 오신 것입니다. 이와 관련하여 에베소서 1장에 나온 설명을 봅시다.

또 만물을 그의 발 아래에 복종하게 하시고 그를 만물 위에 교회의 머리로 삼으셨느니라 교회는 그의 몸이니 만물 안에서 만물을 충만하게 하시는 이의 충만함이니라 (엡 1:22-23)

교회란 구원받은 모든 성도들을 총칭하는 표현입니다. 구약에서 하나님의 백성은 이스라엘을 가리켰습니다. 신약에서는 하나님의 백성된 자를 다 교회라고 부릅니다. 그런데 어떻게 그 같은 이들을 '교회'라고 부릅니까? 그것은 그들이 그리스도와 맺은 관계 때문입니다.

그리스도는 우리의 머리이십니다. 그리스도와 우리의 관계는 머리와 몸의 관계로 비유됩니다. 그래서 교회는 만물을 충만하게 하시는 이의 충만함입니다. 머리가 충만하기에 몸도 충만하게 될 것입니다. 머리와 몸은 하나이기 때문입니다. 머리만 좋고 몸은 나쁘게 되는 일은 없습니다. 머리가 좋은 만큼 몸도 좋게 하겠다는 것입니다. 구원에서 비롯되는 영광, 신적 지혜와 능력에 근거한 약속들이 다 그렇게 좋게 되는 일을 가리킵니다. 거룩, 영광, 완성, 충만, 부요 같은 단어가 다 몸에 일어날 좋은 일을 가리키기 위해 쓰이고 있습니다. 몸에 이런 일들이 생기는 것은 모두 성자 하나님의 거룩하심에서 비롯됩니다. 이를 위해 예수님은 자기를 부인하고 자기 십자가를 지신 것입니다.

예수님이 지신 대속의 십자가를 우리가 질 수는 없습니다. 그런데 어떻게 '자기 십자가'가 등장하고 '자기 부인'이 이야기되는 것입니까? 마태복음 4장에 나온 시험을 생각해 봅시다. 성자 하나님은 메시아로 오셨습니다. 인간으로 오셨습니다. 사탄의 질문은 '당신이 하나님이면 돌로 떡을 만드시오'라는 것이었습니다. 그에 대한 예수님의 대답은 "아니다, 나는 인간이다. 나는 떡으로 살지 않고 말씀으로 산다"였습니다.

하나님이 예수님을 보내실 때, 예수님에게 능력을 사용하여 우리를 구원하라고 하신 것이 아닙니다. 오히려 우리 중에 하나가 되도록 보내셨습니다. 이로써 하나님의 구원 계획이 실현됩니다. 그래서 어떻게 이루어졌습니까? 성부 하나님과 분리될 수 없는 성자 하나님을 인간인 우리 중에 하나가 되게 하신 것입니다. 이제 예수님을 구원하려면, 인간인 우리 모두를 구원해야 합니다.

하나님이 우리를 종으로 부르신 것은 구원할 사람이 있기 때문입니다. 하나님이 목사를 먹여 살리려고 양 떼를 부르신 것이 아닙니다. 하나님은 구원해야 할 인류가 있기에 예수 그리스도를 인간으로 보내셨듯이, 구원하여 하나님의 사랑을 받아야 할 영혼들이 있기에 지금도 우리를 종으로 세우십니다.

그러므로 우리가 하나님의 종으로서 할 일은 예수님을 본받아 사람들에게 가서 그들과 하나가 되어야 합니다. 그들과 하나가 되어야 한다는 것은 그 사람들의 처지와 환경 속에 들어가야 한다는 말입니다. 신앙을 통해 그 처지와 환경을 바꾸는 일이 우리의 책임입니다. 하지만 이것은 물질적인 변화를 목표로 하는 일만은 아닙니다. 더 근본적인 책임은 평생을 그들과 하나가 되어야 하는 데에 있습니다. 골로새서 1장에 나오는 사도 바울의 자기 사역에 대한 이해를 봅시다.

> 나는 이제 너희를 위하여 받는 괴로움을 기뻐하고 그리스도의 남은 고난을 그의 몸된 교회를 위하여 내 육체에 채우노라 (골 1:24)

'남은 고난'이 무엇입니까? 예수님이 받으신 고난은 우리와 동일시되어, 즉 우리와 하나가 되어 우리의 처지와 환경에서 살며 우리와 함께

하심으로 받아야 했던 고난입니다. 사도 바울은 그와 같은 고난을 받는 일을 자신의 사역이라고 말하고 있습니다. 사도는 예수를 반대하는 무리 속에 들어갔습니다. 하나님이 그 무리들 속에서 하실 일이 있었기 때문입니다. 종이 하나 세워지면 하나님이 지금도 일하고 계시며 그 대상이 있다는 뜻입니다. 사도행전 7장을 보면 스데반의 설교에 이런 대목이 나옵니다.

> 그들의 말이 누가 너를 관리와 재판장으로 세웠느냐 하며 거절하던 그 모세를 하나님은 가시나무 떨기 가운데서 보이던 천사의 손으로 관리와 속량하는 자로서 보내셨으니 이 사람이 백성을 인도하여 나오게 하고 애굽과 홍해와 광야에서 사십 년간 기사와 표적을 행하였느니라 이스라엘 자손에 대하여 하나님이 너희 형제 가운데서 나와 같은 선지자를 세우리라 하던 자가 곧 이 모세라 (행 7:35-37)

왜 모세 이야기가 나옵니까? 모세가 '하나님이 너희 형제 가운데서 나와 같은 선지자를 세우리라'라고 예언한 말의 주인공이 예수님이라는 것을 증언하기 위해서였습니다. 모세가 '너희 형제 가운데서 나 같은 선지자 하나를 세울 것이니'(행 3:22)라고 한 말은 모든 선지자에게 해당됩니다. 하지만 그 예언은 궁극적으로 예수 그리스도 안에서 성취됩니다.

모세는 중개자였습니다. 어떤 중개자였습니까? 하나님이 구원하신 이스라엘이 시내산 밑에서 죄를 범하자, 모두 다 죽이고 새로운 민족을 이루겠다고 하실 만큼 하나님과 모세의 사이는 긴밀했습니다. 모세는 하나님을 대면하여 봤던 그분의 종이었습니다.

그런데 하나님의 그 말씀 앞에 모세가 한 대답은 이 백성을 죽이려면 나도 죽이십시오, 라는 것이었습니다. 이게 무슨 말입니까? 나는 저들과 하나라는 뜻입니다. 나를 저들로부터 찢어 내지 말라는 것입니다. 모세는 하나님과만 하나가 아니라 저들과도 하나입니다. 그래서 하나님도 저들과 하나이셔야 한다고 간청하는 것입니다. 모세의 그런 태도는 앞으로 오실 예수님을 나타내는 것이었습니다. "저들을 멸하시려면 내 이름도 빼 주십시오"라고 한 모세의 고백은 사도 바울에게서도 발견됩니다.

> 내가 그리스도 안에서 참말을 하고 거짓말을 아니하노라 나에게 큰 근심이 있는 것과 마음에 그치지 않는 고통이 있는 것을 내 양심이 성령 안에서 나와 더불어 증언하노니 나의 형제 곧 골육의 친척을 위하여 내 자신이 저주를 받아 그리스도에게서 끊어질지라도 원하는 바로라 (롬 9:1-3)

지금 바울은 예수님과 사이가 벌어져도 좋다고 이야기하는 것이 아닙니다. 바울은 이방인의 사도입니다. 이방인의 사도인 바울이 이해하고 있는 이스라엘의 구원에 대한 확신의 근거가 무엇인지 보십시오. 이스라엘은 인류 전체를 구원하기 위한 제사장 역할을 맡고 있었습니다. 그런데 그런 이스라엘이 실패했습니다.

비유하자면 이스라엘이라는 물통에 물이 가득 차서 넘쳐야 그 물이 이방에 흘러가게 될 것입니다. 그런데 이스라엘이 거부해서 물이 차고 넘칠 수가 없게 되었습니다. 그래서 하나님은 이스라엘이라는 물통에 그냥 물이 흘러넘치게 하셨습니다. 그래서 물이 이방에까지 차게 되었습니다. 이방은 원래대로라면 이스라엘이 충성해야만 결과로서 나올 대상이었는데, 이스라엘의 불순종에도 불구하고 인간적인 도움이나 수단 없이 하나님이 순전히 은혜로 그들을 채우신 것입니다. 바울은 이방에게 이렇게 은혜가 주어졌듯이 이스라엘에게도 동일한 은혜로 구원이 있을 것이라고 증언합니다. 이런 확신의 근거가 되는 것은 유대인인 자신이 이방의 사도로 부름받았다는 점이었습니다. 유대인인 자신이 사도로 부름받은 걸 보니, 자기 민족에게도 은혜가 임하겠다는 것을 확신하게 되었다는 것입니다.

이런 하나님의 일하심에 대한 이해가 종으로서 가져야 할 내용입니다. 이것이 하나님의 종의 기본적인 힘이 되어야 합니다. 나로 인하여 하나님의 일이 이루어지거나 이루어지지 않는다는 차원을 넘어서는 하나님의 작정이 있다는 것입니다. 그 작정 때문에 내가 부름을 받았고, 그 부름은 한 개인을 부르는 일이 아니라 모세나 바울을 세우신 것같이 하나님이 구원할 대상이 있고 이루실 목적이 있어서 일어난 일입니다. 부름받았으니 나의 충성도에 따라 일의 결과가 좌우될 것이라고 생각하는 것은 오해입니다. 구원의 대상들을 향한 하나님의 작정은 하나님의 의지와 신실하심에 의해 이루어질 것이 분명합니다. 이 일은 하나님이 구원하실 대상 가운데 하나를 뽑아 세우심으로 이루어지게 됩니다.

하나님의 종은 자신이 구원할 대상 속에 하나로서 뽑혀 있는 것이라는 점을 자기의 정체성으로 가져야 합니다. 이 점을 깨닫지 못하면, 사역자들 간에 능력 경쟁을 하게 됩니다. 또한 내가 하는 일들로 하나님을 돕거나 돕지 못한다고 생각하게 됩니다. 물론 우리는 열심을 내야 하고 연구하며 훈련해야 합니다. 열심히 노력하여 충성해야 합니다. 그러나 이런 것들을 자세와 태도의 차원에서 이해해야 하지, 어떤 결과를 낼 수 있는 수단으로 오해해서는 곤란합니다.

하나님의 종으로서 우리가 기억해야 할 것은, 하나님이 우리를 세우신 걸 보니 한국을 향한 하나님의 복된 작정과 뜻이 있다는 것과, 나같이 못난 사람에게도 하나님이 관심을 갖고 계시다는 것입니다.

과거 한국 교회에서 말하는 신앙생활의 덕목은 '열심'뿐이었습니다. 앞서 언급한 신앙 도서 제목처럼 '죽으면 죽으리라'라는 고백만이 최고 수준의 신앙을 가리킨다고 사람들은 생각했습니다. 하나님의 종인 우리가 일하는 현재는 목숨을 건 열정 하나밖에는 내세울 것이 없는 과거 시대와는 다릅니다. 우리는 폭넓게 신학 서적을 읽을 수 있으며 연구할 수 있고 전과 달라진 다원화된 사회를 생각하며 더 깊이 고민할 수 있습니다. 그렇게 준비해야만 전과는 다른 시대와 현실 속에서 기독교를 증언할 수 있을 것입니다.

근본적으로 우리는 사람들을 능력과 실력으로 압도하는 것으로 하나님의 일을 하라고 부름받은 것이 아닙니다. 모세나 바울은 능력 있는 자로서 부름받은 것이 아니라 하나님이 잡으신 지팡이였습니다. 하나님의 종으로 세워진 것은 하나님이 목표하시고 작정하신 영혼들이 있으며 우리를 부르심으로써 하나님이 작정하신 바를 포기하지 않으시고 반드시 이루어 내실 것이라는 사실을 증언하고 있습니다. 이것을 기억하며 하나님의 종된 신분을 품고 그분의 일꾼이 되어 하는 사역을 넉넉히 감당해야 합니다.

높고 유명해지는 것은 우리가 관여할 바가 아닙니다. 그것은 하나님이 정하실 일입니다. 맡은 자에게 구할 것은 충성입니다. 하나님이 우리에게 낮은 일을 시키시면 낮은 일을 할 것이고 감추어진 일을 시키시면 감추어진 일을 할 것입니다. 우리는 하나님이 행하시는 기적의 손길들로 서 있을 수 있고, 우리를 부르신 하나님의 작정이 이루어지는 것에서 기쁨을 누릴 수 있을 것입니다.

하나님의 종의 길

08

24 또 그들 사이에 그 중 누가 크냐 하는 다툼이 난지라 25 예수께서 이르시되 이방인의 임금들은 그들을 주관하며 그 집권자들은 은인이라 칭함을 받으나 26 너희는 그렇지 않을지니 너희 중에 큰 자는 젊은 자와 같고 다스리는 자는 섬기는 자와 같을지니라 27 앉아서 먹는 자가 크냐 섬기는 자가 크냐 앉아서 먹는 자가 아니냐 그러나 나는 섬기는 자로 너희 중에 있노라 28 너희는 나의 모든 시험 중에 항상 나와 함께 한 자들인즉 29 내 아버지께서 나라를 내게 맡기신 것 같이 나도 너희에게 맡겨 30 너희로 내 나라에 있어 내 상에서 먹고 마시며 또는 보좌에 앉아 이스라엘 열두 지파를 다스리게 하려 하노라 (눅 22:24-30)

앞 장에서 마태복음 16장 16절 이하의 말씀을 살펴보면서 교회는 베드로의 신앙 고백의 열정 위가 아니라 '예수님은 하나님이시며 구원자이십니다!'라는 사실 위에 섰다는 것을 확인했습니다. 지금 우리는 하나님에게 도움이 되고 쓸모 있으려고 하는 시대에 살고 있습니다. 그러나 교회는 베드로의 열정이나 능력 위에 서 있지 않습니다.

그런 차원에서 당신의 종을 부르시는 주님의 부르심에는 '아버지께서 나를 보내신 것 같이 나도 너희를 보내노라'(요 20:21)라는 뜻이 담겨 있음을 보았습니다. 하나님의 종은 사람들과 분리되거나 구별되는 존재가 아니라, 그들과 하나가 되어 그들의 삶을 살아가야 하는 존재입니다. 그것이 예수님이 가르치신 십자가의 길입니다. 십자가의 길이란, 하나님이신 성자 예수님이 이 땅에 오셔서 인간의 삶을 살아가며 겪었던 길입니다.

누가복음 22장 24절 이하의 말씀을 보면, 마지막 만찬 석상에서 제자들은 다음 날이면 주님이 로마를 정복하여 정권을 바꾸시고 하나님 나라인 이스라엘의 영광이 회복될 것이라는 기대를 갖고 있었습니다. 그래서 벌써부터 논공행상(論功行賞)을 합니다. 누가 최고의 공로자이고 누가 그 다음인가 하는 것으로 다툼이 일어났습니다. 이를 보시고 예수님은 하나님 나라는 섬기는 나라라고 말씀하시며 중요한 가르침을 덧붙이십니다.

> 너희는 나의 모든 시험 중에 항상 나와 함께 한 자들인즉 내 아버지께서 나라를 내게 맡기신 것 같이 나도 너희에게 맡겨 (눅 22:28-29)

우리는 앞에서 '아버지께서 나를 보내신 것 같이 나도 너희를 보내노라'(요 20:21)라는 말씀에 담긴 의미를 확인했습니다. 거기에서 하나님의 종의 정체성과 본질적인 힘이 무엇인지 생각해 보았습니다. 이번 장에서는 "너희는 나의 모든 시험 중에 항상 나와 함께 한 자들인즉 내 아버지께서 나라를 내게 맡기신 것 같이 나도 너희에게 맡겨"(눅 22:28-29)라는 말씀에 담긴 뜻에 대해 살펴보려고 합니다. 하나님의 종이 된다는 것이 무엇이고, 사역의 가장 근본적인 근거와 원칙이 무엇인지 생각해 보겠습니다.

제자들에게 나라가 맡겨지는 이유를 알기 위해서는 먼저 예수님이 말씀하신 '나의 모든 시험'에 대해 이해해야 합니다. 예수님이 당한 시험의 본질은 무엇입니까? 그분이 당하신 시험은 메시아 시험이었습니다. 그 시험의 대표적인 사례가 마태복음 4장에 등장하는 사탄의 시험입니다. 그 후에도 시험은 계속되었습니다. 예수 그리스도께서 누구신지에 대해 증거될 때마다 유대인들은 예수를 붙잡아 정치적이며 군사적인 해방자로 삼으려 했습니다.

요한복음 2장을 보면 예수님이 첫 번째로 기사를 일으키신 사건이 나옵니다. 가나의 혼인잔치 이야기입니다.

> 예수께서 이 첫 표적을 갈릴리 가나에서 행하여 그의 영광을 나타내시매 제자들이 그를 믿으니라 (요 2:11)

이 사건을 통해 예수님은 자신이 오시기로 약속되어 있는 메시아이

자 하나님이신 것을 보이십니다. '표적'이라는 말은 이 일이 예수님이 누구신가에 대한 증거로서 주어졌음을 가리킵니다.

예수님의 공생애를 이해할 때, 한국 교회가 모호하게 놔두고 있는 부분들이 있는데 이 사건의 경우가 그러합니다. 예수님이 천국 복음을 전하실 때 기적을 행하셨으며 복음이 전파되는 곳에는 병 고침과 방언과 귀신을 쫓아내는 일이 있었다는 것에 대해서는 강조를 합니다. 성경 내용을 인용하는 것이니 맞는 이야기이긴 하지만 더 깊이 들어가야 할 문제가 있습니다.

복음이란 하나님의 통치의 실현입니다. 하나님이 통치하시는 곳에서는 죄로 인한 부패와 오염으로 인한 병폐가 회복됩니다. 죄로 인한 부작용이 사라지는 것입니다. 그래서 귀신이 쫓겨나고 병이 낫는 일들은 하나님의 통치가 실현되고 있음을 증거합니다. 하지만 하나님의 통치는 그처럼 부작용만 제거하는 것으로 끝나지 않습니다.

우리가 경험하는 것들이 신앙의 전체가 아니며, 우리가 이해하고 있는 것들이 신앙의 중심 내용이 아닌 경우가 허다합니다. 우리가 체험하는 것들은 하나님이 성경 안에 계시하시고 약속하신 것들을 확인하게 하는 하나의 증거입니다. 그런데도 우리는 자신이 체험한 것을 핵심으로 삼고 신앙의 전모를 파악하려는 잘못을 범하곤 합니다.

복음서를 보면 예수님이 어느 때 기적을 동원하시는지 알 수 있습니다. 하나님의 통치가 실현되고 있고, 그것은 예수님이 구원자로 와 있기 때문이라는 점을 확인시키기 위해 기적이 사용되었습니다. 예수님이 이 땅에 오심으로 하나님의 통치가 죄 아래 신음하던 곳에 들어오게 되었고 이제 하나님의 나라가 시작되고 있다는 것을 증거하는 데 기적이 쓰였던 것입니다. 이런 점은 감옥에 갇힌 세례 요한이 예수님의 정체에 대해 의심하며 질문했을 때 밝혀졌습니다. 예수님의 대답은 이러했습니다.

> 예수께서 대답하여 이르시되 너희가 가서 듣고 보는 것을 요한에게 알리되 맹인이 보며 못 걷는 사람이 걸으며 나병환자가 깨끗함을 받으며 못 듣는 자가 들으며 죽은 자가 살아나며 가난한 자에게 복음이 전파된다 하라 (마 11:4-5)

이 모든 일은 하나님의 통치가 임했음을 명백히 증거하는 것이었습니다. 그러나 초월적인 기적은 여기까지만 동원됩니다. 예수님이 메시아로서 해야 할 핵심 사역은 십자가를 지는 것이었습니다. 그분의 사역은 죽는 것이었습니다.

예수님의 생애를 잘 살펴보면, 예수님이 누구시며 예수님으로 인하여 구원이 어떻게 도래할 것인지를 확인하는 부분에만 초월적인 설명, 곧 기적이 도입됩니다. 하지만 그분 자신이 가시는 길에는 그런 초월이 동원되지 않았습니다. 우리는 이 부분을 혼동하고 있습니다.

우리는 사역에 초월을 사용하려고 합니다. 그러나 예수님은 초월을 사역에 사용하지 않으십니다. 예수로 인해 구원이 임하며, 예수를 통해 하나님이 통치하시지만, 그분은 자신의 십자가를 초월로 지지 않습니다. 우리는 '네가 하나님의 아들이면 내려와 보라'는 비아냥거

림을 들으면 당장 십자가에서 내려올 것입니다. 그래야 멋있을 테니 말입니다.

사역을 하면서 답답할 때가 많습니다. 하나님이 왜 막으시나, 왜 손발을 묶어 놓으시나 하고 생각할 때가 있습니다. 그러나 괜찮습니다. 하나님은 바울에게 하셨듯이 우리로부터도 '나는 묶였어도 복음은 묶이지 않았다'는 고백을 받아 내십니다. 하지만 우리는 하나님이 나를 인정하신다는 표시가 될 만한 증거들을 요구하고, 그런 증거 대신 장애가 생기면 '하나님은 내 편이 아닌가 보다'라고 생각합니다. 그래서 끊임없이 가서 신문고를 두드려 댑니다. "하나님, 어찌하여 나를 버리셨나이까? 왜 기도에 응답하지 않으십니까? 제가 30일 동안 기도한 것이 모자라다면, 300일 동안 기도하겠습니다" 하고 떼를 씁니다. 이런 식으로 가면 곤란합니다.

마태복음 4장에 기록된 예수님의 시험을 보면, 첫 번째 시험인 '이 돌들로 떡덩이가 되게 하라'를 예수님은 무엇으로 거부하셨습니까? 예수님의 대답은 떡으로 살지 않고 하나님의 말씀으로 산다는 것이었습니다. 두 번째 시험은 '하나님의 아들이어든 뛰어내리라'였고, 마지막 시험은 '내게 엎드려 경배하라'였습니다. 이것은 다 어떤 시험입니까? 모두 초월을 사역의 방법과 수단으로 삼으라고 한 것입니다. 그러나 예수님은 그것을 거부하셨습니다. 하나님에게만 경배하고 하나님을 시험하지 말라고 하셨습니다.

우리가 신학을 하면서 당황하는 부분은 신학에 별로 감동이 없다는 점에서 비롯됩니다. 신학은 우리가 좋아하고 충분히 감동할 만한 내용으로 되어 있지 않습니다. 히브리어도 배워야 하고 헬라어도 배워야 합니다. 그것 없이는 기독교 신앙이 가지는 내용 전체를 훑어볼 수 없기 때문입니다. 개인적으로 좋아하고 감동하는 것만으로 신앙의 내용을 삼을 수는 있겠지만 신학은 그럴 수 없습니다.

신학은 전체를 포괄해야 합니다. 개인적으로 감동하는 것만 좋아하고 그 외의 것들을 공부하는 것은 신앙이 떨어지는 것이라고 생각한다면 신앙에 대해 잘 모르는 것입니다. 눈물이 나오고 가슴이 떨리는 것을 신앙이라고 생각한다면 초보 중의 초보인 셈입니다. 성경 안에 있는 신앙의 내용과 그것을 체계적으로 정리해 놓은 신학의 깊이는 우리의 경험과 이해를 뛰어넘습니다. 그것은 아무리 배워도 모자랍니다. 우리는 신학이 무엇인지 알아야 합니다. 성경 전체의 내용을 차근차근 배워야 합니다. 그렇게 해야 종합에 이를 수 있습니다. 거기에 이르러야 질서와 균형이 생기고 조화가 이루어집니다.

예수님이 제자들에게 너희는 내 모든 시험에 함께하였다고 말씀하셨습니다. 이 시험을 함께한 것을 조건으로 하여 하나님이 그 나라를 예수님에게 맡긴 것같이 예수님도 제자들에게 그 나라를 맡기실 것입니다. 그 조건의 내용은 무엇입니까? 예수님이 그분의 일을 어떻게 감당했는지 아는 것을 조건으로 해서 그 나라를 맡기신다는 것입니다.

예수님은 십자가를 지셨습니다. 그러니 제자들도 십자가를 져야 합니다. 십자가를 지는 것은 인생을 초월로 살지 않는 것입니다. 물론 제자들이 가진 것은 초월에 속하는 것이었습니다. 하지만 이 초월을 자연에 담아내야 했습니다. 인생에 담아내야 했던 것입니다.

한국 교회의 신앙은 복음주의적 특징을 갖습니다. 복음주의라는 것은 말 그대로 복음에 신앙의 중심을 두겠다는 것입니다. 복음에 대한 강조는 회심과 경건의 실천으로 드러납니다. 그런데 신앙 실천에 강조점을 둔 나머지 신앙이 자꾸 체험 위주로 흐릅니다. 신앙은 언제나 신학과 손잡고 가야 하는데 말입니다.

하나님이 한 영혼에게 신학으로 다루어야 할 모든 내용을 체험으로 주지는 않으십니다. 체험으로 알 수 있는 것은 '하나님이 내 편이시고 나를 위하고 계시는구나' 하는 메시지뿐입니다. 체험을 해서 헬라어를 잘하게 된 사람이 있겠습니까? 그런 일은 없습니다. 헬라어를 잘하려면 외우고 공부해야 합니다.

체험에도 가치가 있습니다. 하지만 체험을 수단화하지는 말아야 합니다. 이런 면에서 예수님의 생애가 얼마나 소중한 것인지 모릅니다.

> 말씀이 육신이 되어 우리 가운데 거하시매 우리가 그의 영광을 보니 아버지의 독생자의 영광이요 은혜와 진리가 충만하더라 (요 1:14)

예수님이 십자가를 지신 일에는 대속의 의미뿐만 아니라 성육신하여 인생을 사는 자리에 들어가신 일의 중요성도 담겨 있습니다. 인간으로 사는 것입니다. 그리고 하나님이 누구신지가 그분의 존재와 생애에서 드러납니다. 하나님의 은혜와 진리가 일상 속에서의 존재와 삶을 통해 드러나는 것입니다.

우리는 하나님의 종이 되고 말씀의 증인이 되어야 합니다. 여기서 말씀이란 하나님의 통치를 뜻합니다. 하나님의 약속과 은혜, 하나님의 찾아오심을 다 합쳐서 말씀이라고 할 수 있습니다. 말씀의 증인이 되기 위해서는 먼저 자신이 증거하는 하나님의 종이 어떤 분인지 이해해야 할 것입니다. 이런 점에서 한국 교회의 약점이 확인됩니다. 한국 교회는 대의명분이 있을 때에만 힘을 쓸 줄 압니다. 기도나 찬양을 할 때는 신앙을 드러내기가 쉽습니다. 하지만 그 외의 영역에서는 신앙을 어떻게 드러내야 하는지 모릅니다.

제가 자주 하는 권면 가운데 하나는 회사에서 신우회를 만들지 말라는 것입니다. 신우회를 만들고 나면 신앙을 전부 신우회 활동으로 때워 버리고 맙니다. 성경은 집에서 보고 아침에 출근해서는 회사원으로서 열심히 일해야 합니다. 직장에서는 직장인으로 살아야 합니다. 그것이 신앙입니다. 아무 데나 교회를 만들 필요가 없습니다. 일반 은총 속에서 신자인 것을 드러내야 합니다. 일하는 게 달라야 하고, 사람을 대하는 것이 달라야 합니다.

예수 믿는 사람들을 만나면 이상하게도 별로 기쁘지가 않습니다. 상식도 교양도 융통성도 찾기가 어렵습니다. 예수를 믿으면 그렇게 되어야 하는 겁니까? 말이 안 됩니다. 예수님을 보십시오. 간음하다 현장에서 잡혀 온 여인을 앞에 두고 뭐라고 하셨습니까? '너희 중에 죄 없는 자가 먼저 돌로 치라'(요 8:7)라고 하셨습니다. 이어서 '나도 너를 정죄하지 아니하노니 가서 다시는 죄를 범하지 말라'(요 8:11)라고 하십니다. 예수님의 이런 태도를 배워야 합니다.

우리는 적극적으로 신앙생활을 한다는 것이 무엇인지 몰라서 늘 소극적으로밖에는 신앙을 표현하지 못합니다. 주일에 교회에 못 가면 그다음 주에 반성문을 쓰고 결석계를 내야 하는 분위기입니다. 그러니 교회에서는 속이야기를 못합니다. 예수 믿는 것은 어렵고, 신앙생활에서 승리하기도 어렵습니다. 십자가를 따르는 길이기 때문입니다. 그런데 그런 어려움을 겪는 이야기를 하지 못합니다.

종교 개혁으로 개신교가 생겨날 때 있었던 가장 큰 싸움은 로마 가톨릭의 이원론과의 싸움이었습니다. 이원론은 세상을 자연과 초월이라는 이분법으로 이해하는 관점입니다. 이에 따르면 복음은 초월에 속하는 것입니다. 그러므로 복음의 증거는 초월이 자연에 개입하는 것으로 나타납니다. 이와 같은 초자연주의가 중세 신학의 가장 큰 특징이라고 할 수 있습니다.

초자연주의에서 신앙은 자연보다 우월한 것이어야 했으므로 초월적인 것으로 여겨지게 됩니다. 예를 들면, 시험을 볼 때 공부를 열심히 해서 A 학점을 받은 것과 기도해서 A 학점을 받은 것 가운데 기도한 쪽이 더 신령하다고 생각하는 것이 이런 사고방식과 관련됩니다. 그런데 한국 교회는 이와 같은 초자연주의에 머물러 있습니다.

종교 개혁을 통해 세워진 개신교에서는 자연과 초월이라는 구분이 피조물인 인간에게만 있는 것이라고 여겼습니다. 인간인 우리에게는 모든 인류에게 허락된 하나님의 통치와 하나님의 백성들이 받는 구원의 통치라는 것이 경험상 나누어집니다. 하지만 하나님에게 초월과 자연 같은 구분이 있지는 않습니다. 초월의 영역이든 자연의 영역이든 모두 하나님의 통치 영역이기 때문입니다.

하나님이 만드신 것임에도 자연이 문제로 가득한 것은 죄 때문입니다. 죄가 없다면, 자연 속에 하나님의 통치의 부요함만이 있을 것입니다. 그러나 우리는 자연 세계 속에서 질병과 각종 악한 일들을 경험합니다. 이 모든 것은 죄에서 연유한 것입니다.

초월이니 자연이니 하는 구별이 하나님에게는 없습니다. 하나님은 이 모든 것의 주인이십니다. 그래서 성경이 가르치는 구원, 곧 복음으로 주어지는 구원은 죽어서 천국에 가는 것에만 국한되는 것이 아닙니다. 지금 하나님의 백성으로 거듭나서 창조 질서의 회복을 경험하는 것이 구원의 내용에 포함됩니다. 신자는 거듭난 자로서 자연의 영역, 곧 일상 속 모든 이들과 살아가는 곳에서 무엇을 하든 하나님의 통치를 누리게 됩니다. 신자는 살아가며 겪는 모든 일 속에서 하나님의 은혜를 더 깊이 누리는 훈련을 하며 책임을 감당하게 됩니다. 이런 이해를 가지고 보면, 성경이 우리 삶에서 하나님의 통치와 관련하여 어떤 강조점을 드러내는지 새롭게 깨닫게 됩니다.

술 취하지 말라 이는 방탕한 것이니 오직 성령으로 충만함을 받으라
(엡 5:18)

'성령으로 충만함'은 하나님이 직접 찾아오셔서 우리를 압도하시는 신자의 독특한 체험이며 경험입니다. 그러나 그것으로만 그치는 것이 아닙니다. 성령 충만은 연습하는 것으로서 술 취하는 것과 비교되

고 있습니다. "술 취하지 말라 이는 방탕한 것이니 오직 성령으로 충만함을 받으라"라고 사도 바울은 가르칩니다.

왜 성령 충만이 술 취하는 것과 대비됩니까? 성령 충만은 술 취함과 달리 연습해야 하는 문제라는 것입니다. 술에 취할 때 생기는 문제는 방탕해지는 것입니다. 성경에서 '방탕하다'는 것은 허비하고 낭비하는 것을 말합니다. 탕자의 비유에 나오는 '허랑방탕'이라는 표현에서 보듯이 말입니다. 방탕하다는 것은 집을 나가는 바람에 아버지 밑에서 배우고 훈련해야 하는 기회와 시간을 놓쳐 버렸다는 뜻을 담고 있습니다. 이것이 방탕입니다.

에베소서 5장에는 '생각하라', '깨어 있으라', '연습하라'와 같은 이야기들이 반복됩니다. 그리고 그 일들의 결론이 바로 성령 충만입니다. 그런데 성령 충만을 달라고 하나님에게 자꾸 조르기만 하면 곤란합니다. 성령 충만을 소원한다면 연습해야 합니다. 연습은 초월의 영역에서만 이루어지는 것이 아닙니다. 과정이 필요한 일이기 때문입니다.

이 말씀에 이어서 부부에 대해 이야기합니다. 아내들은 남편에게 복종하고 남편은 아내를 사랑하라고 하면서 부부에 대해 다음과 같이 이야기합니다.

> 그러므로 사람이 부모를 떠나 그의 아내와 합하여 그 둘이 한 육체가 될지니 이 비밀이 크도다 나는 그리스도와 교회에 대하여 말하노라
> (엡 5:31-32)

부부는 예수님과 교회에 비유되고 있습니다. 예수님과 교회는 머리와 몸의 연합으로 비유된 바 있습니다. 에베소서는 전체적으로 교회에 대해 가르치고 있습니다. 그리스도의 몸으로 부름받아서 어떻게 자라나는가에 대한 가르침이 에베소서의 주된 내용입니다.

부부 문제도 이런 차원과 관련됩니다. 부부가 왜 그리스도와 교회의 연합과 같은 것입니까? 결혼을 할 때는 사랑해서 합니다. 사랑을 하면 당연히 행복할 것이라고 기대합니다. 그런데 살아 보면 행복하지 않습니다. '내가 왜 이 사람하고 결혼을 했을까? 내가 정신이 어떻게 됐었나?'라고 할 정도입니다. 조금 더 심하면 '이 사람만 아니면 누구와 살아도 이것보다는 낫지 않을까?' 하는 생각에 이릅니다. 하지만 이런 생각에는 큰 오해가 있습니다.

막 결혼한 신혼부부의 사랑에는 진심과 열정밖에 없습니다. 그래서 진심과 열정이 사랑이라고 생각합니다. 그런데 살아 보면 사랑에는 진심과 열정보다 더 많은 것들이 필요함을 깨닫게 됩니다. 사실 사랑의 가장 중요한 내용은 인내와 이해와 관용입니다.

고린도전서 13장에 나오는 사랑에 대한 정의를 보면, 맨 첫 번째로 나오는 것이 '사랑은 오래 참고'입니다. 우리말로 번역된 것은 의미 전달이 조금 약합니다. 영어식으로 하면 '사랑은 긴 고통이다'(Love is long suffering)라고 표현해 볼 수 있습니다. 사랑은 고통의 연속입니다.

부부가 살아가면서 배우는 것은 인간은 인간을 만족시킬 수 없다는 사실입니다. 사랑하기 위해서는 하나님의 도우심을 구해야 하고 상대방에게 항복해야 합니다. '여보, 당신 요구를 다 만족시키지 못해서 미안해. 난 이게 최선을 다한 거야'라고 이야기할 정도가 되어야 합니다. '미안해!'라는 말을 할 수 있어야 합니다.

부부만이 견뎌 냅니다. 친구는 깨어집니다. 남남일 때는 더합니다. 부부란 참으로 이상해서 어지간해서는 갈라서지지 않습니다. 모든 것을 견딥니다. 나중에 나이가 많이 들면 가훈이 변합니다. 젊을 때는 가훈이 '높은 뜻을 품고 살자'였다가 나중에 나이가 들면 '잘했군, 잘했어'로 바뀝니다. 사랑하는 사람 한 명도 항복시킬 실력이 우리에게 없다는 것을 배우는 것이 부부가 되어 사는 삶에 담긴 가치입니다. 진심과 사랑만 있으면 무엇이든 할 수 있겠다 싶지만, 그렇지 않은 것이 우리의 인생입니다.

인간이란 존재는 참으로 복잡하며 죄의 크기 또한 우리가 감당할 수 있는 정도의 것이 아닙니다. 이런 사실을 부부끼리 배우는 것입니다. 시간이 지나면서 원만해지고 속이 깊어집니다. 나중에는 훌륭해집니다. 이런 길로 가라는 것입니다. 이런 차원의 요구들이 성경에 많이 있습니다.

또 네 이웃을 사랑하고 네 원수를 미워하라 하였다는 것을 너희가 들었으나 나는 너희에게 이르노니 너희 원수를 사랑하며 너희를 박해하는 자를 위하여 기도하라 이같이 한즉 하늘에 계신 너희 아버지의 아들이 되리니 이는 하나님이 그 해를 악인과 선인에게 비추시며 비를 의로운 자와 불의한 자에게 내려주심이라 너희가 너희를 사랑하는 자를 사랑하면 무슨 상이 있으리요 세리도 이같이 아니하느냐 또 너희가 너희 형제에게만 문안하면 남보다 더하는 것이 무엇이냐 이방인들도 이같이 아니하느냐 그러므로 하늘에 계신 너희 아버지의 온전하심과 같이 너희도 온전하라 (마 5:43-48)

왜 원수를 사랑해야 합니까? 사랑은 원래 고상하니까 그런 것입니까? 그런 이야기를 하는 것이 아닙니다. 하나님이 그 일을 요구하십니다. 이방인들도 자기 형제에게는 문안할 줄 압니다. 그런데 왜 하나님을 아버지라고 부르는 자들이 이 정도의 아량도 없냐고 묻는 것입니다.

하나님의 종이 되려면, 하나님과 예수 그리스도 안에서 나타나는 하나님의 통치와 우리를 향한 하나님의 구원의 진정한 내용을 알아야 합니다. 하나님의 종은 하나님이 원래 만드신 인간으로 회복되어 가야 합니다.

성경 어디에나 '거짓말하지 말라, 노하지 말라, 악한 것을 생각하지 말라, 온유해라, 오래 참으라, 용서해라, 따뜻해라' 하는 말씀이 있습니다. 이런 일들은 저절로 되는 것이 아니라 연습해야 이룰 수 있는 일들입니다. 이것이 하나님이 세상을 다스리시는 일반적인 통치의 방식입니다. 하나님은 가르쳐 주시고 연습하라고 하십니다. 우리는 하나님의 명령에 순종하며 살아야 합니다. 하나님의 명령이 무엇인지 생각하고 생각한 것을 연습해야 합니다.

감동은 매우 위험한 것으로 이해해야 할 대상입니다. 감동은 필요하고, 새로운 계기를 만들거나 분발하게 하기는 하지만 내용을 채우지는 못합니다. 우리가 신앙적으로 감동할 때, 신앙에 대한 확인과 분발의 계기는 되겠지만 그것으로 사람이 바뀌지는 않습니다.

삶을 내용으로 채워야 합니다. 내용으로 채우려면 말씀에 순종해야 합니다. 그리고 연습해야 합니다. 그것이 신앙입니다. 멋있어져야 합니다. 사람들이 신자를 볼 때, '저런 사람이 하나님의 형상을 닮은 인간이구나. 저런 삶이 정말 참다운 신자의 인생이구나!' 하고 자신의 삶과 비교하게 되도록 하나님이 신자를 부르신 것입니다. 하나님을 모르는 세상 사람들과 같은 무대와 환경 속에서 살면서도 삶의 내용이 비교되도록 부름받는 것입니다. 그것이 십자가의 길입니다.

십자가의 길은 장렬하게 혈서를 쓰고 눈에 힘주는 것이 아닙니다. 신자는 달라야 합니다. 하나님이 우리를 어느 시대, 어떤 형편에 세우시든지 우리는 하나님의 사람이어야 합니다. 이 일은 단번에 이루어지는 것이 아닙니다. 오래 걸립니다. 이 점을 놓치면 늘 하나님에게 조를 뿐입니다.

실력을 가져야 합니다. 우리는 인간적인 차원에서의 경쟁을 요구받지 않습니다. 초월과 자연 모두에 뻗치는 하나님의 통치를 잊지 말아야 합니다. 성령으로 충만한 길을 가기 위해, 우리가 처한 환경과 조건과 요구 속에서 하나님의 사람으로 만들어지기 위해 커져 가고 채워져 가야 합니다. 어떤 환경에서 무슨 일이 주어지든지 하나님의 사람이 되십시오. 그것이 십자가의 길입니다.

복음의 능력

09

12 나를 능하게 하신 그리스도 예수 우리 주께 내가 감사함은 나를 충성되이 여겨 내게 직분을 맡기심이니 13 내가 전에는 비방자요 박해자요 폭행자였으나 도리어 긍휼을 입은 것은 내가 믿지 아니할 때에 알지 못하고 행하였음이라 14 우리 주의 은혜가 그리스도 예수 안에 있는 믿음과 사랑과 함께 넘치도록 풍성하였도다 15 미쁘다 모든 사람이 받을 만한 이 말이여 그리스도 예수께서 죄인을 구원하시려고 세상에 임하셨다 하였도다 죄인 중에 내가 괴수니라 16 그러나 내가 긍휼을 입은 까닭은 예수 그리스도께서 내게 먼저 일체 오래 참으심을 보이사 후에 주를 믿어 영생 얻는 자들에게 본이 되게 하려 하심이라 17 영원하신 왕 곧 썩지 아니하고 보이지 아니하고 홀로 하나이신 하나님께 존귀와 영광이 영원무궁하도록 있을지어다 아멘 **(딤전 1:12-17)**

복음의 능력

디모데전서 1장 12절 이하에 나오는 바울의 고백에는 중요한 내용이 담겨 있습니다. 바울은 자신이 사도가 된 것이 그의 지식이나 능력 때문이 아니었다고 말합니다. 복음이 갖는 능력이 바울을 그렇게 만들었다고 합니다.

바울은 자신을 돌아보면서 '비방자요 박해자요 폭행자'였으며 '죄인 중에 내가 괴수'라고 말합니다. 그런데 복음이 가지는 능력이 그에게 있는 심판받아 마땅할 모든 것들을 해결했고 그를 용서했다는 것입니다. 그뿐 아니라 하나님은 그를 당신의 종으로 삼으시고 그의 삶을 하나님의 인도하심과 복 주심으로 채우셨다고 고백합니다.

이런 바울의 고백은 우리에게도 낯선 것이 아니지만, 이런 고백 속에 담겨 있는 하나님의 일하심에 대해서는 아직도 이해가 부족합니다. 우리는 자신의 신앙을 점검할 때에도 죄를 지었는가, 짓지 않았는가 하는 단편적인 기준으로만 판단하는 경향이 있습니다. 신앙의 점검마저도 늘 우리를 중심으로 이루어지고 있는 것입니다. 신앙생활의 핵심에는 하나님이 주도권을 잡고 일하신다는 사실이 있음을 잘 기억하지 못합니다.

말하자면, 하나님의 종으로 일할 때 나의 의욕, 열심, 헌신 같은 것들은 조건이 될 수 없다는 것입니다. 나에게 발견되는 좋은 것들은 다 결과일 뿐입니다. 예를 들어, 구원의 확신과 감격 같은 체험은 결과로 나타난 것입니다. 그 체험이 하나님으로부터 구원을 이끌어 낼 조건이 될 수는 없습니다.

복음의 핵심은 로마서에 나온 바울의 고백인 '내가 복음을 부끄러워하지 아니하노니 이 복음은 모든 믿는 자에게 구원을 주시는 하나님의 능력이 됨이라'(롬 1:16)라는 말에 담겨 있습니다. 우리가 아직 죄인 되었을 때, 하나님은 구원을 작정하셨고 준비하셔서 이루셨습니다. 그분께서 먼저 우리에게 손을 내미셨습니다. 그렇게 결과를 만드시는 하나님이 이 일의 주도권을 잡고 계시다는 것을 우리는 깨닫지 못합니다. 물론 우리 쪽에서의 책임도 있습니다. 그러나 그것은 결과입니다.

이런 점과 관련해서 하나님의 종에 대한 이해도 더 깊어져야 합니다. 하나님의 종인 우리는 하나님이 하시는 일에 수종을 드는 자로서 부름받은 것이지, 하나님이 하시려는 일의 어느 한 부분을 채우기 위해 부름받은 것이 아닙니다. 복음의 일꾼으로서 기억해야 할 내용이 고린도전서 1장에 기록되어 있습니다.

십자가의 도가 멸망하는 자들에게는 미련한 것이요 구원을 받는 우리에게는 하나님의 능력이라 기록된 바 내가 지혜 있는 자들의 지혜를 멸하고 총명한 자들의 총명을 폐하리라 하였으니 지혜 있는 자가 어디 있느냐 선비가 어디 있느냐 이 세대에 변론가가 어디 있느냐 하나님께서 이 세상의 지혜를 미련하게 하신 것이 아니냐 하나님의 지혜에 있어서는 이 세상이 자기 지혜로 하나님을 알지 못하므로 하나님께서 전도의 미련한 것으로 믿는 자들을 구원하시기를 기뻐하셨도다 (고전 1:18-21)

왜 전도로 하나님의 백성을 구원합니까? 세상이 자기 지혜로는 하나님을 알지 못하며 자기 능력으로는 하나님을 찾아 알 수 없기 때문입니다. '전도'가 어떤 것인지에 대해서는 로마서 10장의 말씀을 통해 이해할 수 있습니다.

> 네가 만일 네 입으로 예수를 주로 시인하며 또 하나님께서 그를 죽은 자 가운데서 살리신 것을 네 마음에 믿으면 구원을 받으리라 (롬 10:9)

이 구절은 전도의 방법을 알려 주는 것처럼 흔히 이해되어 왔습니다. 입으로 예수를 주로 시인하면 구원을 얻을 것이라고 하니 입으로 시인함과 구원 사이에 인과 관계가 있는 것처럼 이해되기도 했던 것입니다. 그런데 이 구절은 이렇게 이어집니다.

> 성경에 이르되 누구든지 그를 믿는 자는 부끄러움을 당하지 아니하리라 하니 유대인이나 헬라인이나 차별이 없음이라 한 분이신 주께서 모든 사람의 주가 되사 그를 부르는 모든 사람에게 부요하시도다 누구든지 주의 이름을 부르는 자는 구원을 받으리라 그런즉 그들이 믿지 아니하는 이를 어찌 부르리요 듣지도 못한 이를 어찌 믿으리요 전파하는 자가 없이 어찌 들으리요 보내심을 받지 아니하였으면 어찌 전파하리요 기록된 바 아름답도다 좋은 소식을 전하는 자들의 발이여 함과 같으니라 (롬 10:11-15)

우리의 믿음은 우리 안에서 시작된 이해의 결과로 생겨나지 않습니다. 우리가 노력해서 믿음의 결단이 일어난 것이 아닙니다. 우리로서는 이런 일을 할 수 없기에 이 일은 밖에서 오는 것입니다. 곧 밖에서 온 구원입니다.

전도가 '미련하다'는 말로 수식되는 것은, 우리가 예수님을 주님으로 시인하게 되는 일은 우리 자신이 이해할 수도 없고 이루어 낼 수도 없는 일이기 때문입니다. 이런 '시인함'은 누군가 찾아와서 도와주어야 결실할 수 있는 것입니다. 그래서 전도를 미련한 것이라고 합니다.

전도를 할 때, 하나님 외에는 누구도 한 영혼을 밖에서부터 찾아 들어 갈 수 없습니다. 하나님만이 찾아들어 가신다는 것을 알아야 합니다. 그래서 전도를 기술로 이해하면 안 됩니다. 하나님이 나를 찾아 오셨고 나를 통해 한 영혼을 찾아가신다는 것을 알고 전도해야 합니다. 내 진심 하나로 결과가 이루어지기를 바라면 싸우게 됩니다. 전도하고 돌아오면서 "그러니까 당신은 지옥에 가는 거야. 하나님이 지옥을 만든 이유를 이제 알겠어" 하고 말한다면 그것은 전도라고 할 수 없을 것입니다.

불신자로 살다가 중간에 회심하여 예수 믿은 사람들이 꼭 하는 이야기가 있습니다. 여러 사람에게서 권고를 받았는데 이제야 듣고 알았다는 겁니다. 처음부터 이렇게 이야기해 줬으면 금방 알아들었을 텐데 나중에 알아듣게 되었다는 말입니다. 그러나 복음은 그렇게 전달되는 것이 아닙니다. 복음은 물이 차오르듯 전해지는 것입니다.

우리 중에 간절한 소원을 품고 열심을 가지고 집회에 참석하거나 기도원에 올라가 기도한 사람들이 있을 것입니다. 좋은 강사를 모시고 은혜가 넘치는 시간을 보냈을 것입니다. 그런데 그렇게 은혜로운 시간인데도 누구에게는 은혜가 넘치고 누구에게는 그렇지 않을 수가 있습니다.

처음부터 은혜가 흘러넘치는 사람은 드뭅니다. 은혜란 자기도 모르는 사이에 물통 안에 물이 차듯이 채워지는 것입니다. 물이 1,000방울 들어가는 물통에 999방울이 이미 채워져 있으면, 2방울만으로도 물이 넘치게 됩니다. 우리는 물통 안을 들여다보지 않으면 물이 넘치고 나서야 안에 물이 채워져 있었다는 것을 깨닫습니다. 물이 넘치기 전에는 물통이 비어 있는 것처럼 생각합니다.

이를테면 어느 집회에서 은혜 500방울을 받았을 때 누구는 900방울이 될 수 있고, 누구는 1,100방울이 되어 넘칠 수도 있습니다. 하지만 우리 눈에는 한 사람은 은혜가 가득한 사람이고, 한 사람은 은혜가 비어 있는 사람 같습니다. 그러나 실상은 그렇지 않습니다. 하나님은 계속해서 차근차근 은혜를 주시기에 어느 날 내게 은혜가 넘치게 됩니다. 이것을 잊지 말아야 합니다. 하나님의 종은 이것을 꼭 기억해야 합니다. 자신이 맡은 일로 인해 은혜가 넘치는 결과가 늘 있는 것은 아닙니다. 하나님이 맡기신 역할을 할 뿐입니다. 집에 기초를 놓는 사람과 지붕을 씌우는 사람은 각기 다른 자신들의 역할을 다할 뿐입니다.

오해하지 않아야 할 또 하나의 문제는 은혜를 받아 감동할 때 일어나는 일에 관한 것입니다. 물통의 예로 계속 비유하면, 어떤 기회로 은혜를 입고 감동을 받으면, 하나의 물기둥 같은 것이 생겨난다고 할 수 있습니다. 욕조에 물을 받아 보면 수도꼭지에서부터 욕조 바닥까지 물기둥이 섭니다. 한참 나갔다 들어오면 어떻게 되어 있습니까? 생각만큼 물이 욕조에 차 있지 않습니다. 그런 것처럼 우리가 어느 부분에서 은혜를 받았다고 해서 욕조 전체에 물이 차는 것은 아닙니다. 구원의 확신과 복음에 대한 열정이라는 물기둥이 서 있다고 해도 우리 인격 전체가 은혜로 변화되어 신앙인다운 인격이 되는 것은 아닙니다. 인생의 여러 국면에 체험과 감격이 있어서 인생이라는 욕조를 채우게 될 때, 비로소 신앙 인격과 신앙생활 전반에 있어 균형과 조화가 생겨납니다.

지금 한국 교회에는 신앙에 대한 이와 같은 전체적인 조망이 부족해서 좁고 가느다란 물기둥들이 여기저기 세워져 있을 뿐입니다. 이 물기둥들이 고드름 모양으로 얼어 버려 사람들이 그걸 가지고 서로 칼싸움만 하는 형국입니다. 이런 식으로는 신앙의 문제가 누가 가진 고드름이 더 크냐는 식의 싸움으로밖에는 이해되지 못합니다. 성경을 몇 번 읽었는지, 금식 기도를 며칠 했는지, 혹은 몇 명을 전도했는지 등이 그런 물기둥들일 수 있습니다. 그것으로 다른 물기둥을 가진 상대방을 판단하며 정죄하기도 합니다. 또한 한국 교회는 몇 가지 특정한 명분과 방식으로 모일 때에만 큰소리를 칩니다. 한국 교회 모두가 모여 하는 일은 새벽 기도, 금식 성회 같은 것들에 그칠 뿐입니다.

우리가 사람을 감동시키는 것이 아닙니다. 사람을 변화시키는 것은 더더욱 우리 능력 너머의 일입니다. 내게 진심과 체험이 있다고 상대방의 인격과 영혼을 조정하려고 하면 안 됩니다. 하나님은 우리를 설득하지도, 조정하지도 않으십니다. 그래서 우리 삶에는 긴 방황의 시간이 있는 것입니다. 그 방황의 시간으로 손해를 보는 것이 아닙니다. 우리는 그 기간을 거치면서 비로소 마음 깊은 곳으로부터 하나님에게 항복하게 됩니다. 하나님의 사랑에서 비롯된 복음의 능력이 우리 대신 예수님을 십자가에 못 박았다는 사실에 말없이 항복하게 되는 것입니다. 이것은 하나님의 위대하심인 그분의 능력의 차원으로만 이해할 일이 아닙니다. 여호와 하나님은 자비로우시고 은혜로우시고 노하기를 더디 하시는 하나님이시기에 우리에게서 마음의 항복을 받아 내십니다.

형제들아 내가 너희에게 나아가 하나님의 증거를 전할 때에 말과 지혜의 아름다운 것으로 아니하였나니 내가 너희 중에서 예수 그리스도와 그가 십자가에 못 박히신 것 외에는 아무 것도 알지 아니하기로 작정하였음이라 내가 너희 가운데 거할 때에 약하고 두려워하고 심히 떨었노라 내 말과 내 전도함이 설득력 있는 지혜의 말로 하지 아니하고 다만 성령의 나타나심과 능력으로 하여 너희 믿음이 사람의 지혜에 있지 아니하고 다만 하나님의 능력에 있게 하려 하였노라 (고전 2:1-5)

고린도교회에는 두 가지 문제가 있었습니다. 하나는 지식과 관련된 문제였고, 다른 하나는 은사와 관련된 문제였습니다. 고린도교회 교인들은 자신들이 기독교 신앙을 갖게 된 것을 자신들의 영적 실력이 뛰어나 복음의 진가를 알아들어서 생긴 일이라고 생각했습니다. 그리고 그에 대한 증거를 하나님이 은사로 확인해 주셨다고 믿었습니다. 그들은 은사를 자신들의 우월함을 드러내는, 평범한 사람들과는 다른 뛰어남을 확인시켜 주는 신적 증거라고 여겼습니다. 또 그들은 심오한 철학을 이해할 수 있는 수준으로 복음을 깊이 이해하고 있다고 생각했습니다. 이런 생각이 잘못되었음을 깨닫게 하려고 사도 바울은 애쓰고 있습니다. 사도 바울은 지금 고린도교회가 믿는 복음은 지혜나 사상이나 철학이 아니라고 말합니다.

바울이 하는 이야기는 무엇입니까? 바울은 고린도 사람들에게 복음을 전할 때 사람들이 복음을 이해할까 봐 걱정했다고 합니다. 그렇게 이해하여 받아들일 수 있는 것이라면 복음은 그저 하나의 논리와 사상에 불과한 것이기 때문입니다. 그러나 복음은 논리로 이해되는 사상과는 비교할 수 없고 또 그런 식으로 설명될 수도 없는 초월적인 것이었습니다. 하나님은 살아 계시며 우리를 찾아오셔서 구원하셨다는 것과 그 구원이란 창조의 목적대로 인간이 하나님의 형상을 닮게 하려고 하나님이 직접 찾아오셨음을 가리킨다는 것이 바울이 전한 복음입니다. 하나님이 찾아오셔서 인간의 영혼을 열어 알게 하셨다는 사실을 고린도교회에 깨우치려고 했던 것입니다.

이 문제는 좀 더 확장되어 사도 바울의 사도권 변호의 문제로 연결됩니다. 고린도교회 교인들은 바울이 하나님의 사자라면 저렇게 초라할 수 없다는 생각을 가지고 있었던 것 같습니다. 바울은 자신을 하나님의 종이라고 하는데 고린도교회 사람들이 보기에는 아닌 것 같다는 문제에 대해 고린도전서 4장에서 설명합니다.

사람이 마땅히 우리를 그리스도의 일꾼이요 하나님의 비밀을 맡은
자로 여길지어다 그리고 맡은 자들에게 구할 것은 충성이니라 너희
에게나 다른 사람에게나 판단 받는 것이 내게는 매우 작은 일이라 나
도 나를 판단하지 아니하노니 내가 자책할 아무 것도 깨닫지 못하나
이로 말미암아 의롭다 함을 얻지 못하노라 다만 나를 심판하실 이는
주시니라 그러므로 때가 이르기 전 곧 주께서 오시기까지 아무 것도
판단하지 말라 그가 어둠에 감추인 것들을 드러내고 마음의 뜻을 나
타내시리니 그 때에 각 사람에게 하나님으로부터 칭찬이 있으리라
(고전 4:1-5)

맡은 자들에게 구할 것은 능력이 아니라 충성입니다. 뒤에 이어 나오
는 말씀을 보면 우리로서는 이해가 안 가는 부분을 이렇게 이야기합
니다.

형제들아 내가 너희를 위하여 이 일에 나와 아볼로를 들어서 본을 보
였으니 이는 너희로 하여금 기록된 말씀 밖으로 넘어가지 말라 한 것
을 우리에게서 배워 서로 대적하여 교만한 마음을 가지지 말게 하려
함이라 누가 너를 남달리 구별하였느냐 네게 있는 것 중에 받지 아니
한 것이 무엇이냐 네가 받았은즉 어찌하여 받지 아니한 것 같이 자랑
하느냐 너희가 이미 배 부르며 이미 풍성하며 우리 없이도 왕이 되었
도다 우리가 너희와 함께 왕 노릇 하기 위하여 참으로 너희가 왕이 되
기를 원하노라 내가 생각하건대 하나님이 사도인 우리를 죽이기로

작정된 자 같이 끄트머리에 두셨으매 우리는 세계 곧 천사와 사람에게 구경거리가 되었노라 우리는 그리스도 때문에 어리석으나 너희는 그리스도 안에서 지혜롭고 우리는 약하나 너희는 강하고 너희는 존귀하나 우리는 비천하여 바로 이 시각까지 우리가 주리고 목마르며 헐벗고 매맞으며 정처가 없고 또 수고하여 친히 손으로 일을 하며 모욕을 당한즉 축복하고 박해를 받은즉 참고 비방을 받은즉 권면하니 우리가 지금까지 세상의 더러운 것과 만물의 찌꺼기 같이 되었도다

(고전 4:6-13)

하나님의 종이라면 하나님이 초월적이거나 세상적인 무엇으로 남다를 수 있는 조건을 우리에게 채워 주실 것이라고 기대하면 안 됩니다. 절대로 그렇지 않습니다. 바울은 자신의 처지에 대해 이렇게까지 말하고 있습니다. "내가 생각하건대 하나님이 사도인 우리를 죽이기로 작정된 자 같이 끄트머리에 두셨으매 우리는 세계 곧 천사와 사람에게 구경거리가 되었노라"(고전 4:9)

이 구절에 담긴 의미는 무엇입니까? 당시 로마는 전 세계를 제패한 국가였습니다. 군대가 출정하여 다른 나라를 쳐서 복속시키고 영토를 확장했습니다. 군대가 승리하고 귀환하면 개선 행진을 합니다. 지위관이 맨 앞에 있고 참전한 병사들이 뒤를 이어서 행진합니다. 사람들은 축하하며 꽃을 뿌립니다. 병사들 뒤로는 전리품이 따릅니다. 빼앗은 보물뿐 아니라 잡아 온 적국의 고위 인물들과 적장들이 그 뒤를 따르고, 포로 병사들이 맨 뒤에 끌려오게 됩니다. 이것이 '끄트머

리에 두셨'다는 것입니다. 죽이기로 작정한 자같이 끌고 가시는 겁니다. 하나님이 당신의 종을 구경거리로 만드시고 죽이거나 노예를 삼을 자들같이 사용하신다고 바울이 말하고 있는 것입니다.

하나님이 당신의 종을 사용하시는 방식은 여러 가지일 수 있습니다. 어떤 사람은 세상의 시각으로 보더라도 각광받을 만한 방식으로 사용됩니다. 그것이 하나님의 하나님 되심과 하나님의 일하심에 대한 증거가 될 수 있기 때문입니다. 그러나 대부분의 종은 죽이기로 작정한 자같이 사용됩니다. 그래서 우리는 놀랍니다. 하나님이라면 당신의 종에게 능력과 지식을 주시고 건강을 주셔야 할 것 같은데 그렇게 하지 않으십니다. 그 이유를 고린도후서 12장에서 찾을 수 있습니다.

여러 계시를 받은 것이 지극히 크므로 너무 자만하지 않게 하시려고 내 육체에 가시 곧 사탄의 사자를 주셨으니 이는 나를 쳐서 너무 자만하지 않게 하려 하심이라 이것이 내게서 떠나가게 하기 위하여 내가 세 번 주께 간구하였더니 나에게 이르시기를 내 은혜가 네게 족하도다 이는 내 능력이 약한 데서 온전하여짐이라 하신지라 그러므로 도리어 크게 기뻐함으로 나의 여러 약한 것들에 대하여 자랑하리니 이는 그리스도의 능력이 내게 머물게 하려 함이라 그러므로 내가 그리스도를 위하여 약한 것들과 능욕과 궁핍과 박해와 곤고를 기뻐하노니 이는 내가 약한 그 때에 강함이라 (고후 12:7-10)

하나님이 누구를 종으로 쓰실 때면 먼저 확인시키시는 일이 있습니다. 그가 똑똑해서 쓰는 것이 아니라는 점을 충분히 확인시키시는 일입니다. 그 사람이 똑똑하고 실력이 있다고 여겨지면 복음은 오히려 전파될 기회를 잃습니다. 하나님은 훌륭한 사람을 낮추어서 사용하시고 그럴 필요가 없는 사람은 그냥 사용하십니다. 김치를 담그려면 배추를 먼저 소금에 절여야 하듯이 말입니다. 김치를 만들려면 배추에서 힘이 빠져야 합니다. '전도의 미련한 것'이라는 말에서 살펴본 바와 같이 하나님의 종들은 미련한 존재로 쓰임을 받습니다. 하지만 한국 교회는 이런 점을 간과하고 있습니다. 일간지에 종교 면이 생기고 TV에 기독교 프로그램이 생기면서 교회는 더욱 시험을 받게 되었습니다.

오늘날 매스 미디어는 가치 있는 것이 무엇인가를 정해 주는 역할까지 하고 있습니다. 가치 기준을 정하는 권위를 행사하게 된 것입니다. 미디어에 자주 등장하는 사람이 유명할 뿐만 아니라 훌륭하며 옳은 사람이 되어 버렸습니다.

그러나 우리가 잘 알고 있듯이 TV나 신문의 선택 기준은 출연하는 사람이나 채택한 기사가 상업적으로 얼마나 이익을 내는지에 달려 있습니다. 시청률이나 판매 부수 외에 매스 미디어를 움직이는 것은 없습니다. 교회가 여기에 휘둘리며 시험을 받게 되었습니다. 미디어에 나가지 못하거나 이름이 소개되지 못하면 부족하다고 여기게 되었습니다. 또 성공하지 못하면 틀린 것이라고까지 생각하게 되었습니다. 이것이 한국 교회의 풍조가 되어 버렸습니다. 이것은 하나님의 방식이 아닙니다. 하나님은 누구나 들어 사용하실 수 있지만, 대부분의 경우 당신의 종이 약할 때 당신의 강한 방법으로 사용하십니다.

우리는 사도 바울이 말하는 그의 몸에 있는 '사탄의 사자'가 무엇인지 알지 못합니다. 그의 몸에 시험하는 것이 있다는 표현이 간질이라는 병과 어근이 같아서 일부 학자들은 바울이 말하는 사자가 간질이었을 것이라고 추측하기도 합니다. 만일 그것이 간질이었다면, 사역에 심한 장애가 되었을 것입니다. 그것이 정확히 무엇이든 간에 중요한 것은, 그 병은 시험이 될 만큼 문제가 컸다는 것입니다. 바울은 막막했을 것입니다. '하나님은 왜 날 부르셨나?' 하고 생각했을 것입니다. 이것이 바울의 고백입니다.

그뿐 아니라 그는 이전에 비방자며 폭행자였다고 고백합니다. 하나님이 사용하실 것이라면 처음부터 예수님에게 부름받아 그릇됨이 없이 준비됐어야 했을 것입니다. 그런데 바울은 어떻게 등장했습니까? 성령과 지혜가 충만한 스데반을 죽인 자로 등장합니다. 얼마나 치명적입니까. 바울은 예수 믿는 자들을 핍박하고 스데반을 죽인 중심인물이었습니다. 그는 그 일에 책임자로 서 있었습니다. 그런 방식으로 하나님에게 부름을 받습니다.

그런데 우리는 자꾸 바울의 똑똑함을 이야기합니다. 그에게 특별히 뛰어난 점이 있을 것이라고 생각하기 때문입니다. 그에게 그런 점은 없습니다. 그는 가말리엘 문하에 있었다고 합니다. 당시 최고의 학교를 다닌 바리새인입니다. 그는 경건하고 충성된 종교인이었습니다.

그런데 하나님은 왜 이런 식으로 바울을 등장시키십니까? 모든 것이 자기에게서 출발한 것이 아니라는 점을 바울이 명백하게 이해해야 했기 때문입니다. 그가 부르심을 받기 전에 받은 훈련들도 결국에는 모든 것을 하나님이 하셨다는 것을 드러내기 위해 사용됩니다. 바울의 정체성은 하나님이 부르셨다는 믿음에서 확인됩니다. 바울의 신앙 고백의 백미는 빌립보서 4장에 있습니다.

내가 주 안에서 크게 기뻐함은 너희가 나를 생각하던 것이 이제 다시 싹이 남이니 너희가 또한 이를 위하여 생각은 하였으나 기회가 없었느니라 내가 궁핍하므로 말하는 것이 아니니라 어떠한 형편에든지 나는 자족하기를 배웠노니 나는 비천에 처할 줄도 알고 풍부에 처할 줄도 알아 모든 일 곧 배부름과 배고픔과 풍부와 궁핍에도 처할 줄 아는 일체의 비결을 배웠노라 내게 능력 주시는 자 안에서 내가 모든 것을 할 수 있느니라 (빌 4:10-13)

빌립보서 4장 13절은 많이 오해되는 구절입니다. '내게 능력 주시는 자 안에서 내가 모든 것을 할 수 있다'는 고백은 자신의 소원이 이루어질 수 있다고 믿는 것을 뜻하지 않습니다. 빌립보교회 교인들이 로마 감옥에 갇힌 바울을 위문하러 와 있는 상황입니다. 그들은 바울에게 필요한 것들을 준비해서 왔을 것입니다. 그런데 바울이 그들에게 전한 것은 자신의 필요를 채워 주어 고맙다는 말이 아니었습니다. 그의 기쁨은 빌립보교회 교인들이 하나님의 사랑에 동참했다는 사실에 있었습니다. 바울 자신은 괜찮다고 합니다. 그에게는 풍부와 궁핍의 구별이 없다는 것입니다. 바울이 하는 일은 세상이 줄 수 있는 것으로 도움을 입을 수 있는 종류의 일이 아니기에 세상은 그를 방해할 수 없다는 것입니다. 그가 맡은 일은 예수님이 주시는 능력으로 하는 것이기 때문에 자신은 세상적 차원에서 당하는 어떤 어려움도 당할 수 있다는 것입니다. 사람들이 바울을 감옥에 집어넣어도 그가 전하는 복음은 그런 것에 매이지 않는다고 말하고 있습니다.

'내게 능력 주시는 자 안에서 내가 모든 것을 할 수 있다'는 고백은 세상을 향해서는 부정적으로 사용되어야 합니다. 우리는 세상이 주는 것으로 우리의 일을 하는 것이 아닙니다. 그것이 하나님이 우리를 사용하시는 방식입니다. 그것이 십자가의 길입니다. 하나님의 종인 우리는 하나님의 일을 하며 그 길을 걸어야 합니다. 그 길로 가다 보면 옆에서 우리를 시험하는 친구들이 있습니다. 그러나 신앙이 문제 해결을 위한 방법으로 동원되어서는 안 됩니다. 신앙은 하나님이 예수 그리스도를 통해 주신 약속에 대한 동의이며 믿음입니다.

흔히들 종교를 동원하여 자신을 확인하려고 합니다. 자기가 얼마나 우월한지를 확인하는 도구로 사용합니다. 아무도 십자가를 지지 않습니다. 자기를 부인하지 않습니다. 우리에게 무슨 능력이 있습니까? 우리에게는 재주도, 능력도 없습니다. 누가 생명을 살려 낼 수 있습니까? 누가 영혼을 어루만질 수 있습니까?

자기가 할 수 있다는 자존심은 어느 시대에나 발견되는 교회의 병이며 목회자를 향한 시험입니다. 우리는 이 문제에 쉽게 속습니다. 기도하여 하나님에게 도우심을 구했다고 믿고 자신이 하는 일이 하나님의 일이라고 믿습니다. 그리고 비전을 세워 자신의 의욕을 하나님의 일과 버무려 버립니다. 이런 일들은 어느 시대에나 일어납니다. 십자군 운동도 그런 생각에서 나아갔던 길입니다. 이 시험을 깨달아야 합니다.

우리에게 있어 가장 위험한 것은 의욕일 수 있습니다. 우리가 신앙적인 것이라고 믿는 그 의욕이 우리의 사역 자세를 망칠 수 있습니다. 그러나 하나님의 부르심에는 자기를 부인하는 것과 자기 십자가가 먼저 놓여 있습니다. 의욕은 그다음입니다. 또한 우리가 능력으로 향할까 걱정입니다. 능력으로 가지 말고 충성으로 가야 합니다. 마태복음에 있는 가르침을 다시 확인해 봅시다.

> 그 날에 많은 사람이 나더러 이르되 주여 주여 우리가 주의 이름으로 선지자 노릇 하며 주의 이름으로 귀신을 쫓아 내며 주의 이름으로 많은 권능을 행하지 아니하였나이까 하리니 그 때에 내가 그들에게 밝히 말하되 내가 너희를 도무지 알지 못하니 불법을 행하는 자들아 내게서 떠나가라 하리라 (마 7:22-23)

참으로 무서운 경고입니다. 사람들이 주님의 이름으로 한 것이 무엇입니까? 선지자 노릇을 하고 귀신을 쫓아내며 권능을 행했습니다. 이 모든 일을 '주의 이름으로' 했다고 합니다. 그 일을 행한 사람들로서는 그 모든 일들이 주를 위해 한 것이었습니다. 그러나 주님은 그들을 '불법을 행하는 자들'이라고 칭하며 떠나가라고 명하십니다. 이런 무서운 경고에 대해 한국 교회는 귀를 기울이지 않습니다.

이어서 반석 위에 지은 집과 모래 위에 지은 집에 관한 말씀이 나옵니다. 이 말씀에서의 대조는 실천을 했는지 안 했는지에 있지 않습니다. 주의 말씀을 듣고 실천한 자와 실천하지 않은 자를 비교하려면 집을 지었는지, 말았는지로 비교해야 합니다. 하지만 둘 다 열심히 집을 지었습니다.

이렇게 설명해 봅시다. 어느 재벌이 죽으면서 맏아들에게 땅 십만 평을 주고 작은 아들에게도 똑같이 주었습니다. 그리고 좋은 공장을 지어서 국가와 국민에게 봉사하는 기업을 만들라고 유언했습니다. 형은 아버지 말대로 집을 지어서 공장을 만들고 유언을 따랐습니다. 그러나 동생은 그냥 내버려두어서 잡초만 무성했습니다. 이 경우에는 실천한 것과 실천하지 않은 것 사이의 대조가 있습니다.

그런데 말씀에서는 어떤 집을 지었는지의 문제를 다루고 있습니다. 이 말씀에서 대조의 핵심은 기초에 있습니다. 비가 내렸을 때 집이 무너지지 않은 이유가 무엇입니까? 그 집의 기초가 반석이기 때문입니다. 다른 집은 왜 무너졌습니까? 집을 잘못 지어서가 아니라 집의 기초가 모래였기 때문입니다. 모래에 집을 지은 경우가 문제가 되는 이유는 주님의 말씀을 듣기는 들었는데 행하지 않았기 때문이 아닙니다. 그러니 26절에 나오는 '나의 이 말을 듣고 행하지 아니하는 자는'이라는 말에서 부정어는 단순히 '행함'에만 걸리는 것이 아니라 '듣고 행함'에 걸리는 것입니다.

이렇게 보면 이 말씀은 실천의 유무가 아니라 실천의 근거에 대한 가르침이라고 할 수 있습니다. 실천의 근거는 무엇이어야 합니까? 성경이 근거가 되어야 합니다. 그렇지 않으면 주의 이름으로 선지자 노릇을 하고, 주의 이름으로 귀신을 쫓아내고, 주의 이름으로 권능을 행했는데도 불법을 행하는 자들이 될 것입니다.

하나님의 종 앞에 놓인 궁극적 선택은 이것입니다. 세상 앞에 확인을 받으시겠습니까, 하나님 앞에 확인을 받으시겠습니까? 하나님이 나를 부르셨으니 그분께서 내 인생을 어떻게 준비시키는지 기다릴 줄 알아야 합니다. 너무 일찍 의욕을 앞세우고 자신의 재주와 능력을 드러내기에 골몰할 일이 아닙니다. 하나님이 나를 어떻게 사용하실지 인내심을 가지고 기다려야 합니다.

조급해할 일이 아닙니다. 내가 없으면 하나님이 일을 못하실 것처럼 굴어서는 안 됩니다. 하나님의 지혜와 의로우심과 신실하심에 믿음의 근거를 두고 나를 부르신 하나님이 나를 어떻게 만들어 사용하시는지를 보십시오. 이것을 기억해야 우리가 책임져야 할 영혼들 앞에 섰을 때 긴 마음과 긴 믿음을 가지고 신앙생활을 할 수 있습니다.

하나님의 주권적 통치를 기다리며 사는 일은 어느 시대에서나 시험이 됩니다. 신자 각자에게 신앙의 시험이자 하나님의 종으로서의 시험이기도 합니다. 이 시험을 이겨 낼 때 우리는 하나님의 일하심과 놀라운 기적들을 경험하게 되어 있습니다. 그와 같은 하나님의 역사하심에 놀라 찬송하게 될 때 주님이 영광 받으실 것입니다.

하나님의 주권

10

12 꿈에 본즉 사닥다리가 땅 위에 서 있는데 그 꼭대기가 하늘에 닿았고 또 본즉 하나님의 사자들이 그 위에서 오르락내리락 하고 13 또 본즉 여호와께서 그 위에 서서 이르시되 나는 여호와니 너의 조부 아브라함의 하나님이요 이삭의 하나님이라 네가 누워 있는 땅을 내가 너와 네 자손에게 주리니 14 네 자손이 땅의 티끌 같이 되어 네가 서쪽과 동쪽과 북쪽과 남쪽으로 퍼져나갈지며 땅의 모든 족속이 너와 네 자손으로 말미암아 복을 받으리라 15 내가 너와 함께 있어 네가 어디로 가든지 너를 지키며 너를 이끌어 이 땅으로 돌아오게 할지라 내가 네게 허락한 것을 다 이루기까지 너를 떠나지 아니하리라 하신지라 (창 28:12-15)

요셉이 그들에게 이르되 두려워하지 마소서 내가 하나님을 대신하리이까 당신들은 나를 해하려 하였으나 하나님은 그것을 선으로 바꾸사 오늘과 같이 많은 백성의 생명을 구원하게 하시려 하셨나니 당신들은 두려워하지 마소서 내가 당신들과 당신들의 자녀를 기르리이다 하고 그들을 간곡한 말로 위로하였더라 (창 50:19-21)

이번 장에서는 야곱과 요셉에 대해 살펴보려고 합니다. 저는 《하나님의 열심》이라는 책에서 그들의 삶에 담긴 의미를 나눈 적이 있습니다. 거기서 야곱을 '성화'(sancification)의 상징으로, 요셉을 '영화'(glorification)의 상징으로 여기고 그들의 인생을 따라가 보았습니다.

야곱의 생애에서는 신자가 스스로의 잘못을 고쳐 나가는 성화의 면모를 볼 수 있는데 이에 비해, 요셉의 경우는 그와는 조금 다른 성격의 삶이었음을 발견했습니다. 요셉은 자신의 잘못과 상관없이 하나님의 창조 목적인 영광의 완성을 위해 여러 역경을 거쳐 갔습니다.

야곱의 인생살이에서 발견한 것은 신자의 생애를 통해 하나님이 얼마나 오래 기다리시는가 하는 점이었습니다. 신자가 자신의 고집대로 이끌어 가는 인생 속에서 스스로 자신의 잘못들을 고쳐 나가도록 하나님이 어떻게 개입하시는지를 본 것입니다. 한편, 요셉의 생애에서는 요셉 스스로가 의도하지 않았으나 하나님이 세우신 삶의 목적에 요셉이 어떤 시련과 과정을 거쳐서 도달하는지를 다루었습니다.

이번 장에서 야곱과 요셉의 생애를 통해 우리가 함께 생각하고자 하는 것은 신학의 중요한 주제 가운데 하나인 하나님의 작정과 인간의 선택에 관한 것입니다. 결론부터 말하자면 야곱의 생애에서는 인간의 자유 의지를, 요셉의 생애에서는 하나님의 작정을 주목해 볼 수 있습니다.

신자들이 가장 궁금해하는 문제 가운데 하나가 하나님의 작정과 인간의 자유, 곧 하나님의 주권과 인간의 자유 의지에 관한 것입니다. 어떤 사람들은 제게 이렇게 묻습니다. "하나님의 주권을 강조하는 설교자이면서, 성화 문제를 다룰 때는 인간의 책임을 강요하는데 그 두 가지가 모순되는 것 아닙니까?" 하나님의 작정과 주권은 절대적인 것입니다. 하나님이 하나님 외에 다른 어떤 것에게 영향을 받는다면, 그분은 신이 아닙니다. 만약 하나님이 작정하신 것을 포기하신다거나 능력이 부족해 이루지 못하셔서 그분의 작정이 변개된다면, 그분이 하나님이라는 사실 자체가 허물어집니다. 하나님이 작정하시고 목표하신 것을 방해받아 이룰 수 없다면, 그분은 전능하신 하나님일 수 없습니다.

그러므로 보다 타당한 질문은 하나님이 인간에게 자유 의지와 선택권을 주시고 결정하고 책임지게 하는 것이 가능한가에 대한 물음입니다. 하나님이 모든 것을 결정하셔서 그분이 시작과 과정과 결론을 주장하시는데도 인간에게 자유 의지라는 것이 허락되는 일이 성립할 수 있는가에 대한 답은 성립된다는 것입니다.

이 점을 창세기에 나온 창조 기사에서 찾을 수 있습니다. 하나님의 인간 창조에 담긴 가장 독특한 면은 '하나님이 자기 형상 곧 하나님의 형상대로 사람을 창조하시되'(창 1:27)라는 말씀에 담겨 있습니다. 누가 이 구절에 대해 "그 말씀은 우리가 하나님의 부속품이 아니라는 뜻이다"라고 잘 설명했습니다. 인간은 하나님을 따라 지음받았습니다. 여기에는 우리가 하나님의 일부가 아니라는 뜻이 담겨 있습니다. 우리의 존재는 하나님과 구별되었다는 것입니다.

'하나님이 이르시되 우리의 형상을 따라 우리의 모양대로'(창 1:26)라는 말씀은 하나님이 왼쪽으로 돌면 우리도 왼쪽으로 따라 돈다는 것을 의미하지 않습니다. 우리가 왼쪽으로 돌려면 우리 스스로가 돌기로 결정해야 합니다. 그런데 내가 나에 대한 결정을 내린다고 해서 내게 세상과 운명을 결정하는 힘이 있다는 것은 아닙니다.

우리가 주권을 가지고 있다는 것과 하나님이 주권자라는 것은 차원이 다른 이야기입니다. 하나님의 주권인 하나님의 작정과 일하심은 모든 피조물에게 영향을 끼치며 그들의 운명을 결정합니다. 그러나 우리의 결정과 선택은 각자가 정하는 것입니다. 내가 할 수 있는 것은 '왼편으로 하겠다, 오른편을 하겠다' 혹은 '빨간 옷을 입겠다, 파란 옷을 입겠다' 하는 결정뿐입니다. 우리는 자신의 운명을 결정할 수 있는 힘을 갖고 있지 않습니다. 우리는 피조물이기 때문에 우리에게는 피조물이라는 한계 내에서의 결정권이 있을 뿐입니다.

이렇게 예를 들어볼 수 있습니다. 해가 떠도 내가 눈을 감으면 깜깜해집니다. 하지만 내가 눈을 감는다고 해가 없어지는 것은 아닙니다. 나는 해를 바라볼 수도 있고 등지고 설 수도 있지만, 해를 없앨 수는 없습니다. 내가 하는 결정은 피조물의 한계 내에서 하는 결정입니다. 그와 같은 결정이 자신의 운명조차도 결정하지 못하는 것은, 피조물은 자기 자신을 포함하여 어떤 존재에 대해서든 그 운명을 결정할 권한을 갖지 못하기 때문입니다. 운명에 대한 결정권은 창조주만 가질 수 있는 권한입니다. 이 점이 잘 드러나는 곳이 바로 야곱의 생애입니다.

야곱은 처음부터 끝까지 자기 마음대로 살았습니다. 야곱만큼 남의 말을 듣지 않은 사람도 없습니다. 팥죽으로 장자의 명분을 사고, 아버지를 속여 축복을 받아 내고, 외삼촌에게 도망가서도 꾀를 내어 부자가 됩니다. 나중에 외삼촌한테 쫓겨서 다시 돌아올 때에도 형에게 미리 예물을 보내는 등 온갖 계획을 세워 자신이 하고 싶은 일을 이루려고 합니다. 자기 마음대로 살아온 것입니다. 그렇게 살다가 마지막에 얍복 나루터에 섭니다.

야곱이 얍복 나루터에 서 있는 장면에서 우리가 확인하게 되는 바는 그가 자기 마음대로 결정하며 살아왔음에도 행복과 영원을 얻을 수 없었다는 점입니다. 야곱은 자신이 행동을 결정하고 자신의 길을 선택할 수는 있었지만, 그로써 영원과 생명과 행복을 얻지는 못했습니다. 그래서 하나님 앞에 매달립니다. 그것이 얍복 나루터 사건입니다.

인간이 가진 선택권과 하나님이 가지신 선택권이 같은 것이라는 오해는 피조물과 창조주 사이의 차이를 전혀 모르는 데서 연유합니다. 그런 생각은 인간이 이해하는 합리성의 한계에서 비롯된 것입니다. 인간의 이해 방법인 합리성은 원인과 결과의 법칙을 벗어나서 생각할 수 없는 것입니다. 그러나 인과론만으로는 하나님의 역사를 다 파악할 수 없습니다. 이를테면 인간의 머리로는 하나님의 창조를 이해할 수 없습니다. 창조란 인과 법칙 속에는 존재할 수 없는 것이기 때문입니다. 하나님은 무에서 유를 만드는 분이십니다. 이와 같이 인간의 이해로는 다 파악되지 않는 것에 '창조', '재창조', '은혜', '구원', '믿음' 같은 것들이 들어갑니다.

'믿음'에 무슨 합리성이 있습니까. 우리 인간은 믿을 만한 사람을 믿습니다. 그것이 합리적입니다. 그러나 성경에서 말하는 믿음은 믿을 만해서 믿는 것에 대한 이야기가 아닙니다. 성경이 가르치는 믿음은 원인이 없는 결과에 우리가 초대받는 것과 관련됩니다. 우리의 믿음은 하나님이 창조주시고 우리를 구원하기를 기뻐하시는 아버지라는 사실에 대한 믿음입니다. 원인과 결과의 관점으로 파악되지 않는 일에 대한 믿음입니다. 내 모습이나 내 자격과 상관없이 하나님이 은혜를 베푸신다는 데 대한 항복입니다.

야곱의 생애를 이런 시각으로 봅시다. 야곱이 마음먹은 일들, 곧 그가 한 작정과 결정은 피조물의 한계 속에서 맴돌 수밖에 없는 것이었습니다. 야곱이 자신이 가진 것을 원인으로 해서 만든 것, 그의 능력으로 이루어 놓은 것은 결국 절망뿐이었습니다. 그리하여 그는 "하나님이 도와주셔야겠습니다" 하는 자리에 이르게 됩니다.

이번에는 요셉의 경우를 살펴봅시다. 요셉은 선택의 여지가 없는 인생을 삽니다. 아버지인 야곱은 그를 사랑했습니다. 그래서 야곱은 많은 아들들 가운데에서 유독 요셉에게는 일을 시키지 않았습니다. 그러니 밤낮 나가서 일을 해야 했던 형들은 요셉을 미워했습니다. 이것은 요셉 자신의 선택으로 빚어진 일이 아니었습니다. 요셉은 형들의 잘못을 고자질하고, 형들 마음에 안 드는 꿈도 꾸었습니다. 하지만 그 일들은 요셉이 아직 철이 없어서 그런 것이지, 형들에게 밉게 보일 마음에서 했던 일이 아니었습니다. 요셉이 꿈 이야기를 가족들에게 다 털어놓은 것을 보면 그에게는 별다른 야심이 없었음을 알 수 있습니다. 요셉의 꿈 이야기에 대해 요셉이 비전을 가졌다고 하는 사람들도 있는데 적절치 않은 해석입니다. 비전을 그런 자리에서 발설하는 바보가 어디 있겠습니까. 요컨대 요셉이 형들에게 미움을 받은 일은 그의 잘못 때문이었다고 보기 어렵습니다. 그에게 죄가 있다면 아버지께 사랑을 더 많이 받은 죄밖에는 없을 것입니다.

요셉은 노예로 팔려 가서도 정직하게 살았습니다. 보디발의 아내가 그를 유혹했지만 그는 정직하고 바르게 행동합니다. 그런데 그 일로 무고를 당해 감옥에 갇힙니다. 감옥에서 무슨 생각을 했겠습니까? 시편 105편에 그 이야기가 나옵니다.

그가 또 그 땅에 기근이 들게 하사 그들이 의지하고 있는 양식을 다 끊으셨도다 그가 한 사람을 앞서 보내셨음이여 요셉이 종으로 팔렸도다 그의 발은 차꼬를 차고 그의 몸은 쇠사슬에 매였으니 곧 여호와의 말씀이 응할 때까지라 그의 말씀이 그를 단련하였도다 (시 105:16-19)

18절의 "그의 발은 차꼬를 차고 그의 몸은 쇠사슬에 매였으니"에서 '몸'이라는 단어에 각주가 붙어 있습니다. 히브리 원문에는 '혼'이라고 설명이 덧붙여져 있습니다. 그 구절을 다시 직역해 보면, '그의 발은 차꼬에 상하고 그의 혼은 쇠사슬이 꿰뚫었도다'가 됩니다. 우리말 표현으로는 혼비백산했다는 것입니다. 요셉은 지금 믿음으로 이 고난을 견디고 있는 것이 아닙니다. 그는 정신이 하나도 없습니다. 인생이 왜 이렇게 되었고, 왜 여기까지 왔는지 아무것도 모르는 것입니다.

요셉의 생애를 보면서 저는 하나님이 저를 목사로 삼으시려고 시키신 훈련을 생각하게 됩니다. 제게도 요셉이나 욥이 겪은 시련 같은 것이 있었습니다. 그래서 욥이 했던 말을 좋아하게 되었습니다. 욥은 "하나님, 왜 나를 이렇게 못 살게 구십니까?" 하고 물으면서 '침을 삼킬 동안도 나를 놓지 아니하시'(욥 7:19)는 하나님이라는 말을 했습니다. 그 말이 저를 떠나질 않습니다. 기도할 때마다 그 말을 많이 인용했습니다. 그 같은 말이 나오는 과정을 욥은 다 겪었지만, 제게는 아직도 계속됩니다.

그런 고된 인생살이를 통해 배운 것은 인간이 얼마나 무기력하고 못났는가 하는 것입니다. 우리는 삶이 얼마나 고단하며 그것이 우리를 어떻게 항복시킬 수 있는지를 압니다. 그래서 누가 명예욕에 불탔다든가 돈에 넘어갔다든가 거짓말을 했다든가 하는 문제들에서 생긴 잘못까지 저는 그럴 수 있다고 이해하게 되었습니다. 사람이 잘못할 때 쉽게 "어떻게 그럴 수 있단 말이야!" 하고 반응할 수만은 없게 된 것입니다.

지금 요셉이 겪는 고달픔과 혼비백산은 자신의 삶을 스스로의 힘으로 조정할 수 없는 데에서 생겨난 일들입니다. 이 일들, 곧 하나님의 작정에 의해서 진행되는 상황에 대한 요셉의 반응을 봅시다. 그는 넋이 빠져 있습니다. 그리고 그 일에 대해 19절은 이렇게 묘사합니다. "곧 여호와의 말씀이 응할 때까지라 그의 말씀이 그를 단련하였도다." 요셉이 겪는 어려움 속에서 한국 교회가 주로 발견한 것은 여호와의 뜻이 이루어지기까지 인내하는 요셉의 믿음이었습니다. 하지만 여기에서 주도권은 요셉이 아니라 하나님 쪽에 있다고 봐야 합니다. 요셉이 시련을 굳은 믿음으로 견뎌 냈다기보다는 하나님의 작정이 요셉을 단련시킨 것입니다. 하나님 자신이 요셉의 생애를 주장하시고 그분이 뜻하신 목적이 이루어지기까지 그를 단련하신 것입니다. 그 과정을 거쳐 요셉은 총리가 됩니다.

> 왕이 사람을 보내어 그를 석방함이여 뭇 백성의 통치자가 그를 자유롭게 하였도다 그를 그의 집의 주관자로 삼아 그의 모든 소유를 관리하게 하고 그의 뜻대로 모든 신하를 다스리며 그의 지혜로 장로들을 교훈하게 하였도다 (시 105:20-22)

요셉은 애굽 족속도 아니었고 어디서 왔는지 불분명한 범법자로, 죄수였던 전력을 가진 사람이었습니다. 그런 사람이 총리가 되었고, 7년 동안 풍년이 계속되어 온 나라가 곡식으로 넘쳐 났습니다. 7년은 긴 기간입니다. 7년 동안 내내 곡식을 쌓고 있으니 사람들이 그에게 미쳤다고 손가락질했을 것입니다. 요셉은 자신을 비난하는 사람들로부터 보호받을 아무런 정치적 기반이 없었습니다. 그런 그가 어디서 총리로서의 권위를 유지해 냈겠습니까? 여기에 그 힌트가 있습니다.

> 그를 그의 집의 주관자로 삼아 그의 모든 소유를 관리하게 하고 그의
> 뜻대로 모든 신하를 다스리며 그의 지혜로 장로들을 교훈하게 하였
> 도다 (시 105:21-22)

그의 실력은 다른 데서 입증됩니다. 이를테면 그는 지금 재정 경제부 장관 노릇도 하는 것입니다. 그가 관여하고 있는 다른 문제들에서 요셉의 안목과 권위에 대한 증거가 확인됩니다. 말하자면 요셉은 교육, 경제, 정치 등 모든 정책에서 임의로 백관들을 제어합니다. 요셉은 지혜로 장로들을 교훈했다고 합니다. 장로는 어느 사회에서나 최고의 경륜과 경험을 가진 사람들을 일컫습니다. 요셉은 그런 사람들을 권세로 누르지 않고 지혜로 압도했습니다.

그런 까닭에 요셉이 계속 곡식을 쌓아 두고 있는 것에 대해 아무도 뭐라고 말하지 못하는 것입니다. 그가 이와 같은 지혜를 얻고 실력을 갖춘 장소는 바로 감옥이었습니다. 요셉은 이런 것들을 다 감옥에서 배웠습니다. 감옥에는 별의별 사람이 다 들어와 있습니다. 보디발은 시위 대장이었으므로 그의 감옥에는 정치적인 범죄자들도 있었을 것입니다. 그 속에서 억울한 자들, 정치적으로 다른 견해를 가진 자들을 만나 그들로부터도 배웠을 것입니다.

이런 배움은 요셉 본인의 선택에 의한 것이 아니었습니다. 그는 이를 위해 체계적인 교육을 받은 것이 아닙니다. 시험을 통해서나 적성 검사를 하여 이런 일을 위해 선택된 것이 아닙니다. 자기도 의식하지 못한 채 여기까지 온 것입니다. 나중에 요셉은 이런 자신의 인생을 두

고 어떻게 고백합니까? 아버지가 죽은 뒤 보복을 받을까 두려워하고 있던 형들에게 요셉은 자신에게 있었던 일을 이렇게 표현했습니다.

> 그의 형들이 또 친히 와서 요셉의 앞에 엎드려 이르되 우리는 당신의 종들이니이다 요셉이 그들에게 이르되 두려워하지 마소서 내가 하나님을 대신하리이까 당신들은 나를 해하려 하였으나 하나님은 그것을 선으로 바꾸사 오늘과 같이 많은 백성의 생명을 구원하게 하시려 하셨나니 당신들은 두려워하지 마소서 내가 당신들과 당신들의 자녀를 기르리이다 하고 그들을 간곡한 말로 위로하였더라 (창 50:18-21)

요셉은 자신의 인생이 자기가 결정한 것이 아니라 하나님의 작정에 의해서 인도되어 왔음을 인정합니다. 그래서 그는 '나를 이리로 보낸 이는 당신들이 아니요 하나님이시라'(창 45:8) 하고 형들을 용서할 수 있었습니다.

우리는 하나님의 복 주심으로 인해 독립된 주권자로 지음을 받았습니다. 하지만 내가 나를 움직인다고 하여 나의 행복과 승리와 영광까지 만들어 낼 수 있는 것은 아닙니다. 하나님의 작정과 인간의 자유는 같은 차원에 있지 않습니다. 하나님은 우리를 작정하였으되 우리의 항복을 받아 내기 위해 우리에게 긴 시간을 허락하셨습니다. 긴 시간을 허락하셔서 인간의 갖가지 반응을 다 용납하십니다. 그 과정을 거쳐 진심으로 하나님 앞에 무릎 꿇는 우리의 항복을 받아 내십니다. 이것이 하나님의 은혜로운 작정의 한 부분이기도 합니다.

우리가 설교에서나 신앙에 대한 설명에서 하나님의 주권을 강조하며 하나님에게만 우리의 운명과 행복과 승리와 영광이 있다고 말하는 것은 당연합니다. 그러므로 하나님에게 순종해야 한다고 하는 것도 맞습니다. 그런데 이에 대해 "하나님이 모든 운명을 쥐고 있다면 우리의 반응은 어떻든 상관없지 않는가?" 하는 질문이 되돌아오곤 합니다.

지금 우리가 확인하고 있는 바는 하나님의 작정에는 창조주로서, 온 우주 만물의 주인으로서 가지고 계시는 권세와 권위뿐만 아니라 하나님이 사람들을 지으실 때 그들을 자녀로 부르기를 원하시는 하나님의 사랑의 측면도 들어 있다는 점입니다.

하나님은 인간을 창조하실 때 하나의 물건으로 삼는 것을 목적하지 않으셨습니다. 하나님은 우리를 생명 없는 사물처럼 조정할 대상으로 대하지 않으십니다. 하나님은 우리를 기계적으로 움직이는 존재가 아니라, 하나님에게 인격적인 항복으로 순종할 수 있는 존재가 되도록 만드셨습니다. 하나님은 우리의 자유 의지를 통해 당신의 작정을 이루실 것이기 때문입니다.

우리는 단번에 변하지 않습니다. 하나님은 우리를 단번에 변하도록 조작하지 않으십니다. 그러면 우리는 하나님의 뜻을 거부할 수 있습니까? 인간은 하나님에게 불순종하고 그분의 뜻을 거부할 수도 있습니다. 그러나 여기에는 하나님의 깊은 뜻이 들어 있습니다. 하나님은 우리를 만나 하나님이신 당신을 우리에게 보이실 때 아버지로서 우리를 항복시키려고 하십니다. 우리를 하나님 앞에 순종하도록 항복시키겠다는 뜻이 담겨 있습니다. 마음으로 하는 항복을 받아 내겠다는 것입니다. 이런 차원에서 설교는 하나님의 절대적 주권과 작정의 불변성을 가르치면서도 동시에 하나님의 말씀을 듣겠다는 결단을 촉구하는 것입니다.

우리는 하나님이 창조주이실 뿐만 아니라 아버지시라는 점을 알아야 합니다. 설교에는 하나님의 하나님 되심에 대한 증거가 들어 있습니다. 하나님은 유일무이한 창조주로서 권세와 영광을 가진 분이시기에 경배를 받으셔야 합니다. 이와 함께 우리는 하나님이 아버지로서 우리에게 찾아오신다는 것도 설교를 통해 배울 수 있어야 합니다. 설교자는 아버지이신 하나님의 마음을 증언하고 전달해야 합니다. 설교자는 하나님의 하나님 되심으로 드러나는 그분의 영광과 거룩하심을 증언해야 합니다. 이와 동시에 그분이 아버지 되신다는 것도 증거해야 합니다. 그래서 설교자는 어떤 때는 천상적인 목소리를 내야 하고, 어떤 때는 현실적인 목소리도 내야 하는 것입니다.

신앙적으로 볼 때 우리의 삶을 통해 배워야 할 가장 중요한 내용은 '하나님은 누구신가?'라는 물음과 관계됩니다. 하나님은 전능하시며 유일하시며 동시에 우리의 아버지이십니다. 아버지이시기에 하나님은 우리와 함께 씨름하고 계십니다.

하나님은 야곱의 생애에 함께하시지만 그를 내버려두십니다. 야곱은 아버지를 속이고 형한테 미움을 사서 죽음의 위협을 받습니다. 그래서 외삼촌 집으로 도망갑니다. 그때 하나님이 벧엘에 나타나 그에게 아브라함에게 주신 것과 같은 복을 주십니다.

또 본즉 여호와께서 그 위에 서서 이르시되 나는 여호와니 너의 조부
아브라함의 하나님이요 이삭의 하나님이라 네가 누워 있는 땅을 내
가 너와 네 자손에게 주리니 네 자손이 땅의 티끌 같이 되어 네가 서
쪽과 동쪽과 북쪽과 남쪽으로 퍼져나갈지며 땅의 모든 족속이 너와
네 자손으로 말미암아 복을 받으리라 내가 너와 함께 있어 네가 어디
로 가든지 너를 지키며 너를 이끌어 이 땅으로 돌아오게 할지라 내가
네게 허락한 것을 다 이루기까지 너를 떠나지 아니하리라 하신지라
(창 28:13-15)

하나님이 주신 복에 '만일 이렇게 하면'과 같은 조건은 없습니다. 하나님 말씀을 들으라든지 외삼촌 집에 가지 말라든지 에서에게 잘못을 사과하라든지와 같은 조건이 없습니다. 이때는 야곱이 자기 마음대로 움직이는 중이어서 하나님이 다른 조건을 말씀하지 않으십니다.

하나님이 지키시는 사람의 인생, 곧 하나님이 목적하시는 사람의 인생은 그가 하나님의 뜻과 달라 보이는 결정들을 할 때 삥 돌아 크게 우회할 뿐입니다. 결국에는 그렇게 둘러서 하나님의 뜻으로 돌아가게 됩니다. 야곱은 얍복 나루터에 가서야 하나님의 뜻에 스스로 항복하고 돌아온 것입니다.

우리 인생을 보면 야곱같이 행동하는 구석이 많습니다. 더 큰 그림으로 보면 우리가 하는 선택은 사소한 것들뿐입니다. 서두에 이야기한 대로 '오늘은 무슨 옷을 입을까' 정도의 선택입니다. 그러나 가장 중요한 것들은 결정하지 못합니다. 우리는 언제, 어디서 태어날지

를 결정하지 못합니다. 어디서, 어떻게 죽을지도, 인생에서 누구를 만날지도 결정하지 못합니다.

그런데 어느 쪽이든 가만히 살펴볼 때 우리가 발견하는 것은 무엇입니까? 하나님이 우리를 독립된 존재로 대우하시고 인정하시고 우리에게 항복을 받아 내셔서 우리의 아버지가 되신다는 사실입니다. 여기에서 하나님의 주권과 우리의 책임 사이에 충돌이 있을 수는 없습니다. 하나님과 우리 사이에는 차원의 차이가 있습니다. 하나님의 주권과 인간의 자유는 충돌할 문제가 아닙니다. 하나님이 인간을 만드시고 대접하시는 방식이 인간에게 자유와 책임을 가져다준 것입니다. 그래서 기독교 신앙의 가장 중요한 내용인 사랑과 믿음이 존재하게 됩니다. 그렇지 않으면 사랑과 믿음은 있을 수 없습니다. 사랑과 믿음은 인격적 관계에서 생겨나기 때문입니다.

하나님이 우리의 찬송을 즐겨 받으시며 우리를 사랑하신다는 점을 생각할 때 그분께서 우리를 얼마나 높여 대하시는지를 깨닫게 됩니다. 이 점이 우리의 신앙에 중요한 특징으로 들어 있어야 합니다. 이것이 우리로 하여금 "할렐루야!" 하고 찬송하게 합니다.

추천 도서

《완전한 진리》낸시 피어시 지음, 복있는사람

《그리스도인 이제 어떻게 살 것인가》찰스 콜슨 지음, 요단출판사

《그러면 우리는 어떻게 살 것인가》프랜시스 쉐퍼 지음, 생명의말씀사

《다원주의 사회에서의 복음》레슬리 뉴비긴 지음, IVP

《신학 실종》데이비드 F. 웰스 지음, 부흥과개혁사

《복음주의와 기독교적 지성》알리스터 맥그래스 지음, IVP

《세상의 포로 된 교회》마이클 호튼 지음, 부흥과개혁사

《현대 복음주의》목창균 지음, 황금부엉이

《포스트모더니즘》신국원 지음, IVP